TEMAS DE
CONSTITUCIONALISMO E DEMOCRACIA

José Ribas Vieira
(*Organizador*)

Temas de Constitucionalismo e Democracia

Colaboradores:

José Ribas Vieira
Bianca Stamato Fernandes
Flávio Elias Riche
Manoel Messias Peixinho
Pablo Sanges Ghetti
Paulo Murillo Calazans

RENOVAR
Rio de Janeiro • São Paulo
2003

Todos os direitos reservados à
LIVRARIA E EDITORA RENOVAR LTDA.
MATRIZ: Rua da Assembléia, 10/2.421 - Centro - RJ
CEP: 20011-901 - Tel.: (21) 2531-2205 - Fax: (21) 2531-2135
LIVRARIA CENTRO: Rua da Assembléia, 10 - loja E - Centro - RJ
CEP: 20011-901 - Tels.: (21) 2531-1316 / 2531-1338 - Fax: (21) 2531-1873
LIVRARIA IPANEMA: Rua Visconde de Pirajá, 273 - loja A - Ipanema - RJ
CEP: 22410-001 - Tel: (21) 2287-4080 - Fax: (21) 2287-4888
FILIAL RJ: Rua Antunes Maciel, 177 - São Cristóvão - RJ - CEP: 20940-010
Tels.: (21) 2589-1863 / 2580-8596 / 3860-6199 - Fax: (21) 2589-1962
FILIAL SP: Rua Santo Amaro, 257-A - Bela Vista - SP - CEP: 01315-001
Tel.: (11) 3104-9951 - Fax: (11) 3105-0359

www.editorarenovar.com.br   renovar@editorarenovar.com.br
SAC: 0800-221863

Conselho Editorial

Arnaldo Lopes Süssekind — Presidente
Carlos Alberto Menezes Direito
Caio Tácito
Luiz Emygdio F. da Rosa Jr.
Celso de Albuquerque Mello
Ricardo Pereira Lira
Ricardo Lobo Torres
Vicente de Paulo Barretto

Revisão Tipográfica
Zeni Carvalho
Renato R. Carvalho

Capa
Julio Cesar Gomes

Editoração Eletrônica
TopTextos Edições Gráficas Ltda.

№ 0213

CIP-Brasil. Catalogação-na-fonte
Sindicato Nacional dos Editores de Livros, RJ.

T945	Temas de constitucionalismo e democracia / Organizador: José Ribas Vieira. — Rio de Janeiro: Renovar, 2003. 131p. ISBN 85-7147-358-7 1. Direito e democracia. 2. Constitucionalismo. I. Vieira, José Ribas. II. Barreto, Vicente de Paulo. CDD 340.112

Proibida a reprodução (Lei 9.610/98)
Impresso no Brasil
Printed in Brazil

Colaboradores

Flávio Elias Riche — Mestre em Direito pela Puc-Rio. Integrante do Grupo de Pesquisa Direito e Democracia da PUC-Rio.

Pablo Sanges Ghetti — Mestre em Direito – Pós-graduação em Direito da PUC-Rio. Professor de Filosofia do Direito – Universidade Cândido Mendes, Tijuca e Fundação Educacional Serra dos Órgãos. Integrante do Grupo de Pesquisa Direito e Democracia da PUC-Rio.

Paulo Murillo Calazans — Mestre em Direito pela PUC-Rio. Integrante do Grupo de Pesquisa Direito e Democracia do Núcleo de Direitos Humanos da PUC-Rio. Advogado. Professor do Departamento de Direito da PUC-Rio.

Manoel Messias Peixinho — Mestre e doutorando em Direito Constitucional. Professor do Departamento de Direito da PUC-Rio. Professor de Pós-Graduação da UCAM e do Bennett. Integrante do Grupo de Pesquisa Direito e Democracia da referida PUC-Rio.

José Ribas Vieira — Professor Associado do Programa de Pós-Graduação em Direito da PUC-Rio. Integrante do Grupo de Pesquisa em Direito e Democracia da PUC-Rio.

Bianca Stamato Fernandes — Mestre em Direito pela PUC-Rio. Integrante do Grupo de Pesquisa Direito e Democracia da PUC-Rio. Juíza Federal substituta.

Apresentação

A presente obra constitui uma coletânea das pesquisas desenvolvidas no âmbito do programa da pós-graduação em Direito da PUC-Rio, a partir da formação do Grupo de Pesquisa Direito e Democracia (GPDD). O livro desdobra-se em duas partes. A primeira decorre de estudos realizados no segundo semestre de 2002. Trata-se da consolidação, na forma de artigos, dos debates travados pelos membros do grupo. A segunda parte, originalmente publicada na Revista *Direito, Estado e Sociedade* (ago/dez, n.19, 2001), consiste num conjunto de resenhas dos principais estudiosos sobre o tema da democracia deliberativa, seguidas de uma bibliografia sistematizada.

O objetivo da publicação é o de oferecer alternativas teóricas para os desafios impostos pelo debate contemporâneo em teoria constitucional. Para tanto, entendemos ser preciso suscitar as implicações jurídicas das novas vertentes da teoria da democracia, traduzidas dentro do princípio da deliberação pública. Dessa forma, almejamos resgatar a articulação entre direito e política, tradição do constitucionalismo brasileiro – interrompida pelo fenômeno da juridicização do processo constitucional.

Os artigos que compõem a primeira parte são apresentados da seguinte forma: um segmento inicial, contendo reflexões sobre os fundamentos da democracia e a deliberação pública; em seguida, escritos de natureza jurídico-teórica; por fim, textos voltados para a prática constitucional brasileira.

Em *Revisitando a deliberação pública*, Flávio Elias Riche busca operar uma análise crítica da democracia deliberativa. Reconhecendo as insuficiências e déficits do presente modelo normativo em sua versão hegemônica, perquire acerca da possibilidade de promover uma teoria da deliberação pública condizente com as exigências fáticas impostas pelas sociedades contemporâneas, complexas e pluralistas por definição. Atender imperativos de ordem prática sem abrir mão dos ideais inscritos no âmago da democracia deliberativa representa um dos principais desafios da teoria política hodierna, para a qual muito têm a contribuir as proposições de James Bohman e Iris Marion Young.

Em *Às Margens da Deliberação: Notas sobre uma política deliberativa por vir*, Pablo Sanges Ghetti promove uma apresentação dos elementos fundamentais das críticas desferidas pelos teóricos da democracia radical contra o modelo deliberativo de democracia, de forma a permitir não uma dissolução, mas uma reavaliação imanente à rica tradição deliberativa, capaz de responder aos desafios contemporâneos. Do resultado deste empreendimento teórico inferem-se sérias conseqüências para a teoria política, não sem repercussões no campo jurídico. Diante do novo horizonte indicado, adiantam-se algumas conclusões preliminares sobre uma nova configuração da deliberação.

O artigo *Teoria Democrática dos Direitos Fundamentais*, de Manoel Messias Peixinho, tem como propósito refletir sobre as contribuições da teoria democrática moderna para a interpretação dos direitos fundamentais a partir do resgate dos contributos dos autores alemães que propuseram a aplicação das teorias liberal, axiológica, social, institucional e democrática como métodos específicos de interpretação dos direitos fundamentais. Contudo, esses métodos são desdobramentos e, ao mesmo tempo, tentativas de superar a ideologia liberal de interpretação clássica. O método democrático moderno, por sua vez, expande a compreensão dos direitos fundamentais ao legitimar a sua inserção como método crítico e objetivo do exercício hermenêutico, afastando-se do paradigma positivista que se radica numa visão insular e individualista do direito.

Em *A Liberdade de Expressão como Expressão da Liberdade*, de Paulo Murillo Calazans, procura-se trazer ao debate jurídico pátrio uma análise original acerca da dimensão política do direito fundamental da liberdade de expressão, com apoio na criação jurisprudencial e dogmática do direito comparado. Sua especial importância no plano do debate público livre requer proteção específica do altiplano normativo constitucional, cuja conformação deve orientar-se em consonância com a permanente busca pela efetivação do regime democrático, sempre balizado pelo valor cardeal da proteção da dignidade humana.

Em *A Estrutura Constitucional e a Democracia Deliberativa: O Contexto Brasileiro*, a partir da redefinição do constitucionalismo, através de estudiosos norte-americanos contemporâneos e, notadamente, da obra da autora portuguesa Cristina Queiroz, José Ribas Vieira, propõe-se a estabelecer um modelo prático de aplicação da democracia deliberativa às decisões judiciais do STF. Para tanto, o autor examina especificamente as contribuições de Cass Sunstein e Stephen Griffin.

Por fim, a primeira parte completa-se com o artigo *Ação Direta de Inconstitucionalidade e seu efeito vinculante. Uma análise dos limites objetivo e subjetivo da vinculação*, de Bianca Stamato Fernandes, em que se faz uma perquirição dos contornos do efeito vinculante das decisões proferidas no controle concentrado de constitucionalidade, introduzido pela Lei nº 9868/99, cuja constitucionalidade foi recentemente afirmada pelo STF. Para tal, utiliza-se uma abordagem histórico-doutrinária da jurisdição constitucional partindo dos modelos norte-americano e austríaco para atingir a sua recepção e evolução no Direito Constitucional brasileiro, concluindo pela fixação dos limites adequados ao sistema brasileiro.

José Ribas Vieira
Bianca Stamato Fernandes
Flávio Elias Riche
Manoel Messias Peixinho
Pablo Sanges Ghetti
Paulo Murillo Calazans

Sumário

Apresentação VII

Artigos 1

Revisitando a deliberação pública
Flávio Elias Riche 3

Às margens da deliberação: notas sobre uma política deliberativa por vir
Pablo Sanges Ghetti 33

A liberdade de expressão como *norma normarum* do processo democrático
Paulo Murillo Calazans 67

Teoria democrática dos direitos fundamentais como método de interpretação
Manoel Messias Peixinho 117

A estrutura constitucional e a democracia deliberativa: o contexto brasileiro
José Ribas Vieira 147

Ação Direta de Inconstitucionalidade e seu efeito vinculante: uma análise dos limites objetivo e subjetivo da vinculação
Bianca Stamato Fernandes 165

Resenhas 207

Bibliografia sistematizada 261

ARTIGOS

Revisitando a deliberação pública

Flávio Elias Riche

> "*Longe de representarem impedimentos à democracia deliberativa, o pluralismo e a complexidade são capazes de promover uma deliberação livre, igual e racional, em esferas públicas vibrantes e cosmopolitas. Tal tarefa requer não apenas imaginação política, como também — e talvez acima de tudo — uma deliberação pública mais aprofundada sobre a própria natureza da democracia*".*
>
> James Bohman

---

* Observação: Com o objetivo de facilitar a leitura para um público mais amplo, optamos por reproduzir em português todas as citações cujo original encontrava-se em outro idioma, operando uma tradução livre das respectivas passagens.

O presente artigo tem por objetivo operar uma análise crítica, no que concerne a um dos elementos fulcrais do que se convencionou chamar democracia deliberativa: a *deliberação pública*. Reconhecendo as vantagens epistêmicas que o presente modelo proporciona em relação à democracia puramente centrada nos interesses (I), postularemos que, a despeito da deliberação pública constituir uma necessidade indelével para a prática democrática nas sociedades contemporâneas, mister se faz que alguns de seus pressupostos sejam revistos — dada a pertinência de muitos dos questionamentos erigidos contra a democracia deliberativa (II). Isto posto, procuraremos, nas teorias de James Bohman (III) e Iris Marion Young (IV), elementos capazes de dotar a deliberação pública de maior praticidade, sem, todavia, olvidar imperativos impostos por seu conteúdo normativo, nos moldes da *Teoria Crítica*, tal como desenvolvida pela Escola de Frankfurt.

I

Para além da dicotomia representação versus participação, a teoria política contemporânea tem identificado dois modelos de democracia, cujas distinções fundam-se menos nas estruturas institucionais básicas[1] que no pro-

---

1. Até porque, quanto a este aspecto, ambos compartilham pressuposições básicas, tais como: "[...] que a democracia requer o *rule of Law*, que a votação constitui o meio de formação de decisões quando o consenso não é possível ou muito dispendioso para se atingir, que o processo democrático requer liberdades de expressão, reunião,

cesso pelo qual as decisões são formadas: o *modelo agregativo* e o *modelo deliberativo*.[2] De acordo com o primeiro, a democracia seria vista tão somente como um processo mediante o qual se agregam as preferências dos cidadãos na escolha de candidatos e políticas públicas: "Decisões democráticas são o resultado da realização bem-sucedida de idéias e coalizões por votos de interesse próprio".[3]

---

associação e assim por diante" (YOUNG, Iris Marion. *Inclusion and democracy*. Oxford: Oxford University Press, 2002, p. 18).

2. Por certo, aqui reside um ponto capaz de ensejar dúvidas, especialmente para o pensamento político-jurídico brasileiro, no qual o debate relativo à democracia deliberativa encontra-se incipiente. Poderíamos dizer que as dicotomias *representação/participação* e *agregação/ deliberação* situam-se em planos diversos (ainda que não necessariamente antagônicos). Enquanto a primeira concentra-se mais em questões de ordem quantitativa — leia-se maximização ou não da participação direta dos cidadãos no regime democrático — a segunda preconiza problemáticas qualitativas inerentes ao processo decisório típico da democracia — ao menos em sua vertente deliberativa. Ressalte-se, todavia, que tomamos aqui tais classificações apenas enquanto *tipos ideais*. Tanto é assim que, na prática, consiste um lugar-comum entre os teóricos da democracia deliberativa o fato de que, a despeito da impossibilidade de uma democracia direta, a deliberação pública, mesmo para satisfazer suas exigências qualitativas, requer mecanismos de participação para além da pura e simples representação democrática. Diversamente, contudo, o entendimento de Joseph Bessette, para quem a deliberação deve ocorrer tão somente dentro dos quadros representativos institucionalizados na organização estatal. Confira: BESSETTE, Joseph. *The mild voice of reason: deliberative democracy and American national government*. Chicago: The University of Chicago Press, 1997.

3. YOUNG, Iris Marion. Comunicação e o outro: além da democracia deliberativa. In: *Democracia hoje: novos desafios para a teoria democrática contemporânea*. Brasília: UnB, 2001, p. 367.

Daí o modelo agregativo traduzir uma democracia baseada em interesses, isto é, um processo competitivo no qual partidos políticos e seus respectivos membros tentam, mediante suas propostas, satisfazer o maior número de preferências dos indivíduos: "O objetivo do processo democrático de formação das decisões é decidir quais líderes, regras e políticas melhor corresponderão às preferências sustentadas com maior força e amplitude".[4] Similarmente, cidadãos com iguais preferências tenderão a organizar-se em grupos movidos pelos mesmos interesses, para assim influenciarem as ações tanto de partidos quanto daqueles que, então eleitos, serão responsáveis pela feitura das leis e de políticas governamentais.

Enquanto competição entre preferências, o modelo agregativo limita-se a estimular um comportamento puramente *estratégico* e *instrumental*, fazendo com que tanto eleições quanto decisões legislativas reflitam não propriamente a *força do melhor argumento*, senão a resultante dos interesses subjacentes ao grupamento dotado de maior vigor e poder, capaz de sobrepor-se às demais agregações existentes.

Pelo exposto, percebe-se nitidamente as deficiências que acompanham a democracia centrada nos interesses. Primeiramente, nela não encontramos critérios para distinguir a motivação do agir dos indivíduos, que nem sempre é fruto do interesse próprio, podendo inclusive ter fundamentos de ordem altruísta, baseados na reci-

---

4. Idem. *Inclusion and democracy*. Oxford: Oxford University Press, 2002, p. 19.

procidade e no reconhecimento do outro.⁵ Além do mais, adota uma forma de racionalidade excessivamente individualista e superficial, insuficiente para conferir um caráter mais justo às decisões políticas. Por fim, o modelo agregativo mostra-se completamente cético quanto ao possível teor normativo da democracia, não oferecendo critério algum para avaliar a legitimidade moral do conteúdo das decisões:

> "Críticos deliberados do modelo de democracia baseado nos interesses contestam o que percebem como sua irracionalidade e a compreensão privatizada do processo político. Nesse modelo, os cidadãos não precisam deixar de lado seus próprios objetivos privados e paroquiais nem reconhecer seus pares no âmbito público para tratar de objetivos coletivos, em contraposição a necessidades e objetivos privados. Cada cidadão pode determinar racionalmente a me-

---

5. O uso do termo altruísmo pode passar a falsa imagem de que propugnamos no presente artigo algo que pertença tão somente ao campo do normativo, meramente "utópico", desprovido de realidade e praticidade. Podemos responder ao paradoxo em questão mediante as considerações do filósofo político John Rawls sobre um dos elementos centrais do *razoável*: a *reciprocidade*. Fator essencial para a *cooperação social*, a reciprocidade configura o fruto da associação entre a idéia de *imparcialidade*, eminentemente altruísta, e a idéia de *benefício mútuo*, que propiciaria vantagens a todos os cidadãos: "Essa sociedade razoável [fundada na reciprocidade] não é uma sociedade de santos nem uma sociedade de egoístas" (*O liberalismo político*. Tradução de Dinah de Abreu Azevedo. 2. ed. São Paulo: Ática, 2000, p. 98). Concilia, pois, tanto elementos normativos quanto descritivos.

lhor maneira de atingir seus próprios fins privados, mas o resultado agregado em si não é fruto de um processo de raciocínio próprio e não tem, necessariamente, racionalidade. As pessoas não deixam seu próprio ponto de vista subjetivo para adotar uma visão mais geral ou objetiva de assuntos políticos. Assim, o modelo de democracia baseado nos interesses supõe também que as pessoas não podem fazer reivindicações a outras sobre justiça ou sobre o bem público, nem motivar essas reivindicações".[6]

Em contraposição à democracia baseada nos interesses, o modelo deliberativo pensa a democracia como uma forma de razão prática, um processo no qual cidadãos se unem publicamente para tratar de ideais, objetivos e metas, relativos a problemas de ordem coletiva.[7] Para tanto, fazem os indivíduos uso da argumentação,

---

6. YOUNG, Iris Marion. Comunicação e o outro: além da democracia deliberativa. In: Op. cit., p. 367.
7. Conforme assinala Jorge Valadez: "Decisões coletivas não resultam meramente da agregação de desejos pré-existentes dos cidadãos; mais precisamente, os membros da sociedade política procuram influenciar uns aos outros em suas opiniões mediante o engajamento num diálogo público no qual eles examinam e criticam, de maneira *não-rude* e *solícita*, as posições uns dos outros, ao mesmo tempo em que esclarecem as razões para seus próprios pontos de vista. Nos fóruns de deliberação pública, os participantes se esforçam para compreender as perspectivas e necessidades dos outros, e através de um processo de clarificação e justificação mútuas, buscam soluções capazes de acomodar o máximo possível as necessidades e interesses de todos" (*Deliberative democracy, political legitimacy and self-determination in multicultural societies*. Colorado: Westview Press, 2001, p.5).

enquanto meio de intercâmbio entre diferentes *concepções acerca do bem*[8], tendo sempre em vista o bem comum. Ao menos em sua versão mais recorrente, a deliberação pública teria, como fim e critério de eficácia, a obtenção do consenso, fundado nas melhores razões dentre as oferecidas pelos participantes: "[...] a deliberação ideal objetiva alcançar um *consenso* racionalmente motivado — encontrar razões que sejam convincentes a todos aqueles comprometidos em atuar para a produção de resultados, decorrentes estes de um processo livre e racional de avaliação de alternativas entre iguais".[9]

---

8. Ao menos em sua acepção liberal, o pluralismo é entendido enquanto a diversidade de concepções individuais acerca do bem, expressão esta cunhada pelo filósofo político John Rawls: "A capacidade de ter uma *concepção do bem* é a capacidade de formar, revisar e procurar concretizar racionalmente uma concepção de vantagem racional pessoal, ou bem. [...] Essa concepção não pode ser compreendida em termos estreitos: deve incluir uma concepção do que é valioso na vida humana. Assim sendo, uma concepção do bem normalmente consiste em um projeto mais ou menos determinado de fins últimos, isto é, fins que queremos realizar por eles mesmos, assim como ligações com outras pessoas e lealdades a vários grupos e associações. [...] Vinculamos ainda essa concepção a uma visão de nossa relação com o mundo — religioso, filosófico e moral — com referência à qual o valor e o sentido de nossos objetivos e ligações são compreendidos. Finalmente, as concepções do bem de que dispõem as pessoas não são fixas: formam-se e desenvolvem-se à medida que elas amadurecem, e podem mudar de forma mais ou menos radicalmente ao longo de sua vida" (*O liberalismo político*. Ed. cit., p. 62).
9. COHEN, Joshua. Deliberation and democratic legitimacy. In: *Deliberative democracy: essays on reason and politics*. Cambridge: The Mit Press, 1999, p. 75.

A deliberação pública seria, portanto, a reunião de indivíduos livres e iguais que, partindo de valores minimamente compartilhados, participam de um processo de discussão e tomada de decisões sobre políticas a serem adotadas e fins públicos a serem perseguidos: "Deliberação pública é o processo no qual os membros de uma comunidade política participam na discussão pública e examinação crítica de políticas públicas coletivamente encadeadas. O processo de deliberação mediante o qual tais políticas são alcançadas é melhor compreendido não pelo modelo de barganha política ou transações contratuais de mercado, senão como um procedimento guiado pelo compromisso para com o bem comum".[10] Mediante o *uso público da razão*[11] — que exclui toda e qualquer forma de coação, exercício da força ou do poder econômico, assim como enredamentos de natureza retórica ou emotiva — os cidadãos haveriam de obter a justificação política de seus resultados, prova cabal do consenso porventura atingido.

Acrescente-se ainda, que com a contínua observação e participação em tais atividades deliberativas, os cidadãos seriam levados a aprimorar seus respectivos entendimentos acerca das opções políticas existentes, desenvolvendo, pois, suas *capacidades ativas de cidadania*, de

---
10. VALADEZ, Jorge. Op. cit., p. 31.
11. Por mais que a democracia deliberativa constitua um ideal complexo e polimórfico, imprescindível a ela se torna a idéia de *razão pública*, critério basilar de determinação dos resultados legítimos de um processo decisório (Confira: BOHMAN, James. The coming of age of deliberative democracy. *The journal of political philosophy.* Vol.6, n. 4, 1998).

respeito mútuo e de comprometimento coletivo, gerando inclusive uma compreensão mais aprofundada da própria democracia — o que termina por conferir à mesma maior *legitimidade*.

Em suma, para os defensores da democracia deliberativa seria possível, ao menos no âmbito da esfera pública, exigir dos indivíduos uma conduta racionalmente motivada, desprovida de quaisquer paixões ou interesses exclusivistas.[12] Não é por acaso que boa parte dos teóricos do modelo deliberativo propugnam uma identidade plena entre *publicidade* e *imparcialidade* – sendo este, juntamente com a questão do consenso, um dos pontos fundamentais contra o qual se erigem muitas das oposições à democracia deliberativa, especialmente aquelas fundadas no multiculturalismo e na defesa das minorias.

II

Por mais coerente e relevante que sejam os ideais propugnados pelos teóricos da democracia deliberativa, críticas não faltam ao presente modelo — algumas dota-

---

12. Nesse sentido, o entendimento de Rawls: "A idéia definitiva a favor da democracia deliberativa é a idéia da própria deliberação. Quando deliberam, os cidadãos trocam pontos de vista e debatem as razões que os sustentam no que diz respeito a questões políticas públicas. Eles supõem que suas opiniões políticas podem ser revistas por meio da discussão com outros cidadãos, e não são, portanto, simplesmente o resultado fixo dos seus interesses privados ou não-políticos" (A idéia de razão pública revista. In: *O direito dos povos*. Tradução de Luís Carlos Borges. São Paulo: Martins Fontes, 2001, p.183).

das de inegável procedência. A principal delas toca justamente em seu aspecto normativo. Sustentam os céticos que, nas sociedades complexas contemporâneas, a concepção de deliberação pública, tal como comumente desenvolvida, seria impraticável e desprovida de realidade: "Em reuniões de pequenas cidades, os críticos alegam, as pessoas podem estar aptas para influenciar o debate, mas em instituições e organizações do estado-nação moderno, tal expectativa não parece razoável".[13] Ao fundar-se na imparcialidade e na racionalidade, o processo deliberativo termina por adquirir contornos elitistas; um modelo que bem se aplicaria aos debates acadêmicos e às comunidades científicas, mas não para um público mais amplo: "Apelos à deliberação [...] têm sido freqüentemente preenchidos com conotações de racionalidade, reserva, cautela, quietude, comunidade, altruísmo e universalismo — conotações que, de fato, provavelmente enfraquecem as reivindicações democráticas da deliberação".[14]

---

13. BOHMAN, James. *Public deliberation: pluralism, complexity and democracy*. Cambridge: The Mit Press, 1996, p. 3.
14. SANDERS, Lynn. Against deliberation. In: *Political theory*. Vol. 25, n. 3, 1997, p.348. Sobre a crítica à imparcialidade, cumpre conferir os comentários de Iris Marion Young: "A imparcialidade designa um ponto de vista que qualquer pessoa racional pode adotar, um ponto de vista neutro e universal que leva igualmente em consideração todos os pontos de vista particulares. Se alguém é imparcial ao tomar uma decisão moral ou política, então esta decisão será a correta, a melhor, a que de fato representa o máximo possível os interesses de todos aqueles por ela afetados. [] O ideal da imparcialidade, não obstante, termina por legitimar a hierarquização do processo de formação das decisões, permitindo que as convicções dos

Vista deste modo, a democracia deliberativa jamais poderá ser inclusiva; pelo contrário, a adoção de uma forma de discurso fundada unicamente na razão — que pressupõe ser a deliberação pública neutra e universal sob o ponto de vista cultural — tende a excluir do debate democrático minorias de diversas sortes, reproduzindo (ao menos implicitamente) mecanismos de dominação e poder, que preconizam argumentos típicos do homem branco ocidental.

Certamente, a própria noção de consenso, tão cara à vertente hegemônica da democracia deliberativa, denota forte teor etnocêntrico — seja quando advoga a existência de premissas compartilhadas, seja ao postular a viabilidade de alcançar a um entendimento convergente através da deliberação. Afirmar que o processo deliberativo é capaz de guiar-se por parâmetros comuns a todos, rumo a um fim pré-estabelecido (leia-se consenso), é ignorar que as atuais sociedades são heterogêneas em sua constituição. Doravante, a defesa do consenso implica necessariamente na exclusão daqueles que não encontram expressividade dentro de tais valores supostamente homogêneos.

Muito embora se pretendam universais, as normas de argumentação da deliberação pública são culturalmente

---

mais privilegiados aparentem ser universais. A combinação destes fatores geralmente leva às decisões concretas que perpetuam a opressão, assim como às desvantagens de alguns grupos e os privilégios de outros" (*Justice and the politics of difference*. Princeton: Princeton University Press, 1990, p.112 e 116). Dito em uma frase, a noção de imparcialidade traz em si uma tendência, não raro nociva, de promover a universalização daquilo que é particular, porém dominante.

específicas, tendo seu contexto determinado pelo advento das instituições modernas e, em especial, pela força que o discurso científico e racional adquiriu ao longo da Modernidade, bem expresso em suas dicotomias basilares: *res cogitans/res extensa, abstrato/concreto, espírito/corpo, razão/emoção* — todas assentes na relação *dominante/dominado*.[15]

De fato, com a consolidação do paradigma científico-natural moderno[16] — bem expressa na articulação newtoniana das principais correntes epistemológicas então antagônicas (*empirismo baconiano* e *racionalismo cartesiano*) — passa-se a adotar uma cosmovisão radicalmen-

---

15. Nesse sentido, como bem percebeu o movimento feminista, o projeto da ciência moderna de controle da natureza traduz com fidelidade a atitude exploratória da sociedade européia perante o elemento feminino; busca, portanto, não apenas colocar a natureza sob seu jugo, mas inclusive submeter a mulher — identificada com o particular, o concreto, o emocional e o erro — ao poder patriarcal e falocrata do homem — identificado com o universal, o abstrato, o racional e a verdade: "A ciência nascente assenta paradoxalmente sua pretensão à universalidade na exclusão da metade do gênero humano" (CHRÉTIEN, Claude. *A ciência em ação: mitos e limites*. Tradução de Maria Lúcia Pereira. Campinas: Papirus, 1994, p. 69).

16. Fazemos uso aqui da expressão *paradigma* em sua acepção ampla, tal como definida por Thomas Samuel Kuhn: "O termo 'paradigma' é usado em dois sentidos diferentes. De um lado, indica toda a constelação de crenças, valores, técnicas, etc..., partilhadas pelos membros de uma comunidade determinada [*lato sensu*]. De outro, denota um tipo de elemento dessa constelação: as soluções concretas de quebra-cabeças que, empregadas como modelos ou exemplos, podem substituir regras explícitas como base para a solução dos restantes quebra-cabeças da ciência normal [*stricto sensu*]" (*A estrutura das revoluções científicas*. Tradução de Beatriz Vianna Boeira e Nelson Boeira. 5. ed. São Paulo: Perspectiva, 2000, p.218).

te cindida, na qual o homem é reduzido à pura razão e desprovido de toda emotividade, transformado num ser abstrato e ahistórico. Similarmente, o conhecimento científico emergente identifica-se em absoluto com o raciocínio lógico-formal e a descrição matemática, sendo esta a garantia única da verdade. Destarte, todos os demais saberes passam a ser ignorados, como no caso da retórica, que se torna alvo do mais puro ostracismo por parte dos pensadores políticos modernos. Categorias típicas da retórica — *pertinência, razoabilidade, plausibilidade*, etc. — foram assim abandonadas, passando a reconhecer-se tão somente o *verdadeiro* ou o *falso*.

A nosso ver, aqui se encontram dois dos principais pontos cegos da democracia deliberativa em sua versão *mainstream*. O primeiro deles diz respeito ao desprezo típico da ciência moderna para com o elemento afetivo: "[...] as normas de deliberação privilegiam o discurso frio e desapaixonado. Tendem a pressupor oposição entre corpo e mente, emoção e razão. Tendem a identificar falsamente a objetividade com a calma e a ausência de expressão emotiva. Assim, expressões de raiva, mágoa e preocupação apaixonada diminuem as reivindicações e motivos que as acompanham. Semelhantemente, o papel do corpo no discurso — gesticulação vigorosa, movimentos que demonstram nervosismo e expressões corporais de emoção — indica fraqueza que elimina as asserções ou revela falta de objetividade e controle".[17] Além do mais, na democracia deliberativa, a retórica ganha uma conotação negativa, sendo identificada em

---

17. YOUNG, Iris Marion. Comunicação e o outro: além da democracia deliberativa. In: Op. cit., p. 373.

regra com o ardil e a falsidade, cuja aplicação estratégica permitiria a obtenção da adesão dos demais participantes do processo deliberativo, mediante o engodo e a persuasão. Daí a propensão no sentido de privilegiar a linguagem literal em detrimento da linguagem figurativa, *e.g.*, saudações, narrações, hipérboles e metáforas.[18]
Admitir déficits fáticos e insuficiências de ordem descritiva dentro do modelo democrático-deliberativo não deve, contudo, implicar necessariamente no abandono do mesmo. Por suposto, a deliberação pública constitui um ideal muito valioso para abrir-se mão tão facilmente; poucos são capazes de ignorar as *benesses epistêmicas* subjacentes à democracia deliberativa — manifestas tanto na *otimização do processo decisório* quanto no *incremento qualitativo da justificação política* proporcionados pela mesma. Em razão disso, torna-se indispensável encontrar uma proposta capaz de suplantar o discurso oficial da deliberação pública sem, todavia, abrir mão de seu *núcleo duro* normativo.

No debate contemporâneo, James Bohman e Iris Marion Young talvez sejam os que captaram com maior acuidade a problemática em questão. A fim de solucionar o referido dilema, ambos buscarão respostas na metodologia proposta pela *Teoria Crítica*, para a qual importa averiguar como fatores normativos podem ser efetivados de acordo com condições sociais e históricas existentes: "Conforme Horkheimer definiu em seus escritos programáticos, enquanto diretor do 'Instituto para a Pesquisa Social' da Escola de Frankfurt, uma teoria é

---

18. Trataremos da presente questão com maior profundidade no item IV deste artigo, ao qual remetemos o leitor.

crítica se preencher três critérios: precisa ser *descritiva* (i.e., baseada nas melhores *evidências empíricas* disponíveis acerca das condições sociais); precisa ser *crítica*, no sentido de que suas avaliações devem ser *normativamente justificadas*; e também precisa ser *prática*, de modo que possa demonstrar como a mudança das circunstâncias que ela critica são possíveis [grifos nossos]".[19]

Semelhante critério pode também ser aplicado para construirmos uma "teoria crítica" da democracia deliberativa: não basta que um modelo de deliberação pública parta de uma rígida descrição e contenha elementos normativos e ideais; faz-se necessário ainda que esse modelo seja dotado de praticidade suficiente para implementar a transformação da realidade existente e o aprimoramento contínuo do próprio regime democrático. Se assim não for, a democracia deliberativa corre um grave perigo, podendo inclusive deixar de ser levada a sério no campo da teoria política.

Atente-se, no entanto, para o equívoco de se substituir uma explicação parcial — fundada unicamente em aspectos normativos — por outra igualmente unilateral — porém sociologista e cética. Por isso sustentamos, na linha dos autores acima citados, que a sobrevivência e viabilidade da democracia deliberativa dependem justamente de uma articulação precisa entre *fatos sociais* e *normas políticas*, entre *ser* e *dever-ser*; em última instância, de se pensar a deliberação pública através de bases

---

19. BOHMAN, James. *Public deliberation: pluralism, complexity and democracy*. Cambridge: The Mit Press, 1996, p.10 e 11. Confira também: YOUNG, Iris Marion. *Inclusion and democracy*. Oxford: Oxford University Press, 2002.

mais sólidas e promissoras. É o que pretendemos demonstrar nos próximos itens.

III

Ao tratar da deliberação pública, James Bohman toma como ponto de partida as concepções desenvolvidas pelos expoentes centrais do liberalismo político e da teoria crítica — John Rawls e Jürgen Habermas —, sem deixar de assinalar uma maior identificação com o primeiro que com o segundo: "Minha estratégia aproxima-se mais do construtivismo proposto por Rawls que daquele proposto por Habermas, ainda que divirja de Rawls no sentido de que não procura apreender o conteúdo do liberalismo político enquanto base pública para a justificação política".[20]

Sua preocupação central consiste em fornecer uma concepção de deliberação pública que seja apropriada para as instituições democráticas contemporâneas e suas respectivas esferas públicas — motivo pelo qual propõe a seguinte definição: "A deliberação pública constitui um processo dialógico de troca de razões a fim de resolver situações problemáticas que não poderiam ser encaminhadas sem cooperação e coordenação interpessoal".[21] Percebe-se aqui que Bohman funda a deliberação nem num modelo puramente fático, tampouco puramente normativo. Deste modo, pretende o autor ofere-

---

20. BOHMAN, James. *Public deliberation: pluralism, complexity and democracy*. Cambridge: The Mit Press, 1996, p. 15.
21. Idem. Ibidem, p. 25.

cer ao mesmo tempo uma *base moral* e *epistêmica* para a participação democrática em sociedades complexas e pluralistas. Tal temática estará presente em todo o desenvolvimento de seu pensamento; através da deliberação pública, opera Bohman um elo de ligação entre a *teoria da democracia* e a problemática do *multiculturalismo*.

Por desenvolver um modelo de deliberação pública multicultural é que Bohman repudia a noção de teleologia no debate democrático. A seu ver, o critério de eficácia da deliberação pública encontra-se em outro lugar. Para além do consenso, um processo deliberativo obterá sucesso na medida em que os participantes dessa atividade conjunta (*joint activity*) reconhecerem que contribuíram e influenciaram a produção dos resultados, mesmo quando venham a discordar dos mesmos. Isso porque, num diálogo livre e aberto, os cidadãos hão de cooperar para a deliberação por acreditarem que suas visões razoáveis serão incorporadas às decisões de forma favorável, ou ao menos não prejudicial a eles:

> "Do meu ponto de vista, a deliberação pública é uma atividade social conjunta, assente na ação social do *diálogo* — o intercâmbio de razões [*give and take of reasons*]. Esta deliberação é tipicamente iniciada *em* e *sobre* um contexto social específico. Começa com uma situação problemática onde a coordenação tenha cessado; obtém êxito quando os atores novamente se encontram aptos a cooperar. Um resultado bem-sucedido da deliberação é aceitável para todos, porém num sentido mais fraco que aquele demandado pelas teorias procedimentais: o sucesso é medido não a partir de um requisito excessivo de que todos

possam concordar com o resultado, mas a partir de um requisito mais tênue de que todos os agentes estejam convencidos o bastante para darem continuidade ao processo de cooperação. O resultado de uma decisão concreta é passível de aquiescência quando as *razões* que o fundamentam são suficientes para motivar a cooperação de todos aqueles que deliberam [grifos nossos]".[22]

Que razões seriam estas? Certamente aquelas decorrentes do *uso público da razão*. Para o autor, as razões que sustentam uma decisão política serão públicas na medida em que se dirijam a um auditório específico, i.e., cidadãos *livres, igualmente capazes* e possuidores de *voz efetiva*. Tais razões, acrescente-se ainda, devem ser não somente direcionadas aos demais indivíduos, senão que comunicadas de modo que os participantes de um processo deliberativo possam de fato compreendê-las, aceitando-as ou refutando-as em seus próprios termos.[23] Para tanto, toda deliberação pública deve atender ao

---

22. Idem. Ibidem, p. 32-33.
23. O uso público da razão encontra-se, pois, intimamente associado à questão acerca da legitimidade das decisões. Como o próprio Bohman esclarece, as razões publicamente formadas tendem a produzir resultados passíveis de serem reconhecidos por todos como legítimos, no sentido de que, independentemente da existência de um consenso unânime, os cidadãos concordam o bastante para que a deliberação continue a desenvolver-se como atividade conjunta — ainda que não atribuam valor de verdade aos mesmos. Por outro lado, as decisões injustas, que são desvantajosas ao menos para uma parcela dos indivíduos, caracterizam-se precisamente por se formarem a partir de procedimentos e razões não-públicos, violando, assim, a igualdade política dos cidadãos.

menos três condições mínimas, sem as quais o uso público da razão tornar-se-ia inviável: *não-tirania, igualdade e publicidade*.

Da *não-tirania* decorre o estabelecimento de requisitos institucionais que venham a permitir uma deliberação livre e desprovida de quaisquer fatores de coerção, viabilizando, por conseguinte, uma melhor distribuição do poder. Os direitos fundamentais exercem aqui importante função, especialmente perante eventuais riscos e impasses que uma aplicação irrestrita regra da maioria poderia gerar.[24] Aplicando-se tanto ao processo delibe-

---

24. A questão acima exposta traduz, sem dúvida, uma das principais tensões da teoria política contemporânea, envolvendo constitucionalismo e democracia, direitos fundamentais e princípio majoritário. Só para ficarmos com o exemplo de Ronald Dworkin, poderíamos dizer que os direitos constitucionais fundamentais (*e.g.*, igualdade política, dignidade da pessoa humana) configuram direitos em *sentido forte*, motivo pelo qual o governo não tem o poder de suprimi-los mesmo quando alega atuar em nome da vontade da maioria. Trata-se, pois, de uma postura tipicamente individualista e político-liberal, para a qual o constitucionalismo não é um inimigo da democracia, mas um meio essencial para sua existência. Em outras palavras, antes que o mero primado da maioria, a democracia representa uma parceria, motivo pelo qual é compatível com a defesa constitucionalista dos direitos individuais fundamentais: "Só adotando esta abordagem do conceito poderemos restabelecer a democracia em sua definição de governo do povo. Nós nos governamos como parceiros de uma *joint venture*, cada cidadão podendo considerar as ações da sociedade inteira como sendo também, indiretamente, suas próprias ações. [...] É aí que intervém o constitucionalismo. Os cidadãos só podem sentir-se parceiros num empreendimento coletivo de governo dos cidadãos se lhes são assegurados certos direitos individuais" (DWORKIN, Ronald. A democracia e os direitos do homem. In: DARNTON, Robert, DUHAMEL, Olivier (orgs.). *Democracia*. Tradução de Cló-

rativo quanto ao seu produto, a não-tirania termina por tornar as decisões mais fruto da razão pública em si que de possíveis concentrações de poder discrepantes.

Por seu turno, é com a *igualdade* política que a deliberação pública chega a seus melhores resultados. Sem ela, os indivíduos não teriam suas opiniões levadas em conta — o que reduzia drasticamente o teor democrático da discussão. Não é por outra razão que sociedades dotadas de desigualdades estruturais são em regra as mais excludentes, aquelas nas quais a deliberação em vigor nada mais é que elitista e aristocrática.

Ressalte-se, todavia, que a não-tirania e a igualdade, quando consideradas em si mesmas, não bastam para a promoção de um processo deliberativo realmente democrático. É preciso uma derradeira condição: a *publicidade*.[25] A publicidade, segundo Bohman, trabalha em três níveis — criando o espaço social para a deliberação, governando os processos de deliberação (assim como as

---

vis Marques. Rio de Janeiro: Record, 2001, p.160 e 161). Julgamos, pois, encontrar-se aqui um paralelo possível com Bohman a este respeito. Pela via dos direitos fundamentais é que melhor se pode evitar os perigos de uma *tirania da maioria* para a deliberação pública.

25. Bohman distingue na publicidade um *sentido fraco* de um *sentido forte*. Para o primeiro, a publicidade significa apenas a possibilidade dos cidadãos terem conhecimento de toda e qualquer tentativa de influenciar a deliberação. Já para o segundo, a publicidade representa uma norma do diálogo capaz de garantir que todos os sujeitos deliberantes possam participar efetivamente da arena de debate e discussão — exigência esta fundamental para a produção da cooperação social. Daí que, entendida enquanto uma atividade conjunta, não basta à deliberação apenas uma publicidade fraca; é preciso também a existência da publicidade em sua acepção forte.

razões neles produzidas) e provendo um padrão a partir do qual os acordos possam ser avaliados.

Não obstante, é na rejeição da estreita vinculação entre publicidade e imparcialidade que Bohman demonstra a originalidade de sua proposta. Indo de encontro ao discurso oficial da democracia deliberativa, propugna o autor que a imparcialidade não constitui um pré-requisito para a formação de razões públicas. Imparcialidade e publicidade não são conceitos idênticos; nem sempre a imparcialidade representa a característica mais saliente da deliberação pública sobre demandas conflitantes.[26]

Por último, um dos pontos centrais no qual também podemos verificar as peculiaridades da proposta de James Bohman em relação aos demais autores reside em seu *modelo dialógico* de deliberação. Ao contrário do discurso, o diálogo representa uma alternativa de comunicação mais ampla e, por conseguinte, mais democrática, fundada num intercâmbio de razões, cujo desenvolvimento torna prescindível a figura do especialista: "O discurso possui maiores demandas que o diálogo; en-

---

26. Bohman não pretende com isso expulsar de vez a imparcialidade do terreno político. Pelo contrário, apenas admite que "[...] a imparcialidade representa apenas uma das diversas formas de razões que podem ser convincentes sob as condições da publicidade" (BOHMAN, James. *Public deliberation: pluralism, complexity and democracy*. Cambridge: The Mit Press, 1996, p.46). Interessante notar que, ao atenuar os laços entre publicidade e imparcialidade, Bohman oferece notável contribuição no sentido de tornar a deliberação pública mais inclusiva e democrática, revertendo boa parte das críticas e ela dirigidas sem, todavia, abrir mão de seu caráter ideal e normativo.

quanto comunicação de segunda ordem, pressupõe idealizações baseadas num acordo unânime sobre regras básicas e padrões de justificação racional. [...] O discurso é aberto apenas em princípio, visto que nele as pressuposições para uma participação ativa podem ser deveras elevadas. Já o diálogo não requer conhecimentos epistêmicos de um *expert*, estando aberto para todos cidadãos que desejem contribuir para os resultados da deliberação".[27] Diálogo é movimento e incorporação, onde cada agente tende a reinterpretar não apenas as razões alheias senão as próprias, mediante um processo dinâmico de contínuo devir.[28] Desta forma, é possível o estabelecimento de uma comunicação efetiva e não-hierarquizada entre *ego* e *alter*, condizente com as exigências multicul-

---

27. Idem. Ibidem, p.57 e 58.
28. Certamente, inúmeros mecanismos dialógicos contribuem para uma deliberação efetiva. Bohman enumera apenas cinco grupamentos deles, destituído de qualquer pretensão exaustiva. O primeiro toma como modelo — ainda que divirja quanto a certos pontos — o *equilíbrio reflexivo* de John Rawls, para o qual os falantes trabalham para tornar explícito aquilo que está latente em seus entendimentos comuns, intuições, compromissos e valores compartilhados. O segundo tipo de mecanismos toma em consideração a diversidade de experiências biográficas e históricas coletivas, que tendem a enriquecer o processo de deliberação sob o ponto de vista multicultural. O terceiro refere-se à aplicação de uma norma ou princípio a um caso particular, o intercâmbio dialógico necessário entre uma norma geral e sua especificação concreta, podendo ter a estrutura geral dos "discursos de aplicação" de Klaus Günther. Em quarto lugar, encontra-se o que Charles Taylor chamou de "apropriação", isto é, uma dialética *quasi-hegeliana* entre um ideal vago e abstrato, e as diversas propostas subjacentes. Por último, estaria a capacidade de tomar a perspectiva alheia, de pensar a partir do ponto de vista do outro.

turais impostas pelas sociedades complexas contemporâneas.

IV

Frente às limitações do modelo deliberativo em sua formulação convencional, Iris Marion Young desenvolve o que chama de *democracia comunicativa*, cujo principal mérito residirá no maior grau de inclusão proporcionado. Precisamente aqui concentraremos nossa análise, visto que na temática da exclusão encontra-se a chave para uma compreensão pertinente dos déficits descritivos e práticos da democracia deliberativa.

Young distingue duas possibilidades de exclusão na deliberação pública, uma interna, outra externa. A *exclusão externa* se dá quando indivíduos e grupos que deveriam estar incluídos no debate são propositadamente deixados de fora do processo de discussão e tomada de decisões. Entretanto, interessa à autora mais as formas internas de exclusão — talvez por serem estas mais sutis e difíceis de serem detectadas. Isto porque, mesmo sanada a exclusão externa, pode o indivíduo ainda ser vítima de alguma modalidade interna de exclusão.

A *exclusão interna* diz respeito à falta de oportunidade efetiva para influenciar o pensamento dos demais sujeitos, mesmo quando se tenha acesso aos processos deliberativos responsáveis pela formação dos resultados — o que pode se dar tanto a partir da sustentação de pressupostos axiológicos para a deliberação que não sejam compartilhados por todos quanto mediante o privilégio de mecanismos argumentativos que beneficiem um gênero, classe ou *ethos* específico. Com o fim de mitigar tal exclusão, Young propõe três alternativas de comunicação: saudação (*greeting*), retórica (*rethoric*) e narrativa (*narrative*). Vejamos cada uma delas.

A *saudação* tem por objetivo criar uma esfera de respeito mútuo, fazendo com que os indivíduos que participam de um diálogo reconheçam uns aos outros em suas especificidades. Daí que sua aplicação exerça papel crucial nos casos em que as diferenças culturais e valorativas entre as partes sejam notórias. Sem tais preliminares, impossível seria o estabelecimento de uma relação de confiança; sem um mínimo de confiança, impossível seria a deliberação pública.[29]

Quanto à *retórica*, Young rejeita a visão cientificista de alguns democratas deliberativos, que a identificam com o erro. Esclarece a própria autora: "Alguns teóricos

---

29. Com efeito, a saudação é composta por gestos de lisonja, deferência, e mesmo adulação. Através dela, percebe-se a relevância do corpo para a democracia deliberativa — fator este ignorado pela maior parte dos que dela cognitivamente ocuparam-se. Numa deliberação pública verdadeiramente democrática e inclusiva, não apenas o discurso racional exerce sua função; além da *res cogitans*, fundamental também as possibilidades de manifestação da *res extensa*: "A interação comunicativa em que os participantes almejam o entendimento é freqüentemente temperada com gestos de delicadeza e deferência e a ausência deles é interpretada como frieza, indiferença, insulto. A discussão também envolve gestos não-lingüísticos que agregam as pessoas de maneira calorosa, abrindo condições para relações amigáveis: sorrisos, apertos de mão, abraços, a oferta e aceitação de comida e bebida. Nesse sentido, o corpo e o respeito pelo corpo devem entrar no ideal da democracia comunicativa" (YOUNG, Iris Marion. Comunicação e o outro: além da democracia deliberativa. In: Op. cit., p.381).

da democracia deliberativa mantêm a distinção platônica entre discurso racional e mera retórica, e fazendo isto eles em regra depreciam a emoção, a linguagem figurada e as formas não-usuais ou mesmo divertidas [*playful*] de expressão".[30] Conseqüentemente, a democracia deliberativa haveria de restringir-se ao discurso racional, regido por procedimentos neutros e normas universais, onde os afetos e a imaginação não teriam lugar.

Ocorre que a supervalorização de conexões lógico-causais na argumentação termina por afastar do debate eventuais minorias culturais, tornando a deliberação injusta e excludente. *Retórica não é sinônimo de falácia*; seu uso pode muito contribuir para reverter o quadro em questão, minando o elitismo subjacente à postulação de um modelo deliberativo fundado tão somente em argumentos racionais. Caso se deseje ampliar a deliberação pública para além de círculos acadêmicos, certamente terá que se levar em conta a indispensável contribuição a ser dada pela retórica: "[...] uma teoria normativa da democracia centrada na discussão deve considerar os aspectos retóricos da comunicação, tanto para criticar a exclusão quanto para promover a inclusão".[31]

Enfim, na *narrativa* é que melhor podem ser apreendidas as particularidades de indivíduos e grupamentos culturais, essenciais para um debate democrático que se pretenda inclusivo. Pela narração, são trazidas à tona experiências de vida relativas a pessoas que se situam em variados contextos sociais, de modo que a compreensão

---

30. Idem. *Inclusion and democracy*. Oxford: Oxford University Press, 2002, p. 63.
31. Idem. Ibidem, p. 70.

do outro e a consideração da legitimidade de suas demandas tornam-se mais factíveis: "A narração exibe experiências subjetivas a outros sujeitos. A narrativa pode evocar simpatia ao mesmo tempo em que mantém distância, porque carrega uma sombra latente inexaurível, a transcendência do outro, ou seja, o fato de que sempre haverá mais a ser contado".[32]

Doravante, a narrativa viabiliza considerável atenuação do etnocentrismo, oferecendo oportunidades para que as partes *relativizem* (na acepção antropológica do termo) pré-concepções e pré-conceitos vigentes. Mais que isso, ela cria mesmo uma *sabedoria social* que não se resume ao mero somatório de posições isoladamente tomadas; sabedoria esta que, ao articular coletivamente relatos de experiências concretas, porém diversificadas, estabelece seu rumo a uma deliberação mais igualitária.

***

Inegável o fato de que, seja mediante o modelo dialógico de James Bohman, seja através da democracia comunicativa de Iris Marion Young, a deliberação pública há de adquirir contornos mais realistas e práticos. A dúvida que se tem ultimamente colocado, no entanto, consiste em perquirir até que ponto os autores não desvirtuaram a democracia deliberativa, abrindo mão de elementos normativos basilares.[33] Seria a proposta de

---

32. Idem. Comunicação e o outro: além da democracia deliberativa. In: Op. cit., p. 384.
33. Confira: BABER, Walter F., BARTLETT, Robert V. *The next step*

Bohman uma síntese das teorias rawlsiana e habermasiana ou, pelo contrário, mera rendição aos fatores descritivos, que, ao fim e ao cabo, haveriam de subjugar qualquer aspecto normativo? A democracia comunicativa da qual fala Young consiste num subtipo ou numa categoria diversa da democracia deliberativa?

Acreditamos que, em ambos os casos, optar pela segunda opção é ignorar o caráter multifacetado inscrito no âmago da deliberação pública, que não se reduz ao entendimento hegemônico a seu respeito. Dito de outro modo, uma alternativa fácil do *mainstream* para minimizar o impacto das críticas operadas pelos respectivos autores, tomando-as por exógenas, a fim de que se possa manter incólume o sustentáculo no qual se encontra erigida a democracia deliberativa.

Longe de ser rendição, o modelo dialógico de Bohman configura uma articulação precisa entre o descritivo, o normativo e o prático, capaz de promover devidamente o ideal da deliberação pública. Outrossim, o modelo comunicativo de Young constitui indubitavelmente uma das possíveis manifestações da democracia deliberativa, porém dotada de maior teor inclusivo que as demais. Não é por outro motivo que julgamos encontrar-se em tais teorias um importante caminho para a inserção

---

toward environmental justice: making Rawls and Habermas safe for democracy, 2001. Disponível em "http://pro.harvard.edu/papers/025/025005BartlettRo.pdf". Acesso em 18-03-2002; LYSHAUG, Brenda. *Reciprocity, respect and democratic engagement: the value of deliberation in a heterogeneous public*, 2001. Disponível em "http://pro.harvard.edu/papers/003/003006 LyshaugBre.pdf". Acesso em 18-03-2002.

do pensamento brasileiro no debate jurídico-político hodierno sobre o tema.

REFERÊNCIAS BIBLIOGRÁFICAS

BESSETTE, Joseph. *The mild voice of reason: deliberative democracy and American national government.* Chicago: The University of Chicago Press, 1997.

BOHMAN, James. The coming of age of deliberative democracy. *The journal of political philosophy.* Vol.6, n.4, 1998.

____. *Public deliberation: pluralism, complexity and democracy.* Cambridge: The Mit Press, 1996.

BABER, Walter F., BARTLETT, Robert V. *The next step toward environmental justice: making Rawls and Habermas safe for democracy,* 2001. Disponível em "http://pro.harvard.edu/papers/025/025005Bartle ttRo.pdf". Acesso em 18-03-2002.

CHRÉTIEN, Claude. *A ciência em ação: mitos e limites.* Tradução de Maria Lúcia Pereira. Campinas: Papirus, 1994.

COHEN, Joshua. Deliberation and democratic legitimacy. In: *Deliberative democracy: essays on reason and politics.* Cambridge: The Mit Press, 1999.

DWORKIN, Ronald. A democracia e os direitos do homem. In: DARNTON, Robert, DUHAMEL, Olivier (orgs.). *Democracia.* Tradução de Clóvis Marques. Rio de Janeiro: Record, 2001.

KUHN, Thomas Samuel. *A estrutura das revoluções científicas.* Tradução de Beatriz Vianna Boeira e Nelson Boeira. 5. ed. São Paulo: Perspectiva, 2000.

LYSHAUG, Brenda. *Reciprocity, respect and democratic engagement: the value of deliberation in a heterogeneous public*, 2001. Disponível em "http://pro.harvard.edu/papers/003/003006LyshaugBre.pdf". Acesso em 18-03-2002.

RAWLS, John. A idéia de razão pública revista. In: *O direito dos povos*. Tradução de Luís Carlos Borges. São Paulo: Martins Fontes, 2001.

____. *O liberalismo político*. Tradução de Dinah de Abreu Azevedo. 2. ed. São Paulo: Ática, 2000.

SANDERS, Lynn. Against deliberation. In: *Political theory*. Vol. 25, n. 3, 1997.

VALADEZ, Jorge. *Deliberative democracy, political legitimacy and self-determination in multicultural societies*. Colorado: Westview Press, 2001.

YOUNG, Iris Marion. Comunicação e o outro: além da democracia deliberativa. In: *Democracia hoje: novos desafios para a teoria democrática contemporânea*. Brasília: UnB, 2001.

____. *Inclusion and democracy*. Oxford: Oxford University Press, 2002.

____. *Justice and the politics of difference*. Princeton: Princeton University Press, 1990.

Às margens da deliberação: notas sobre uma política deliberativa por vir*

Pablo Sanges Ghetti

> *La politisation [...] est interminable même si elle ne peut et ne doit jamais être totale. Pour que cela ne soit pas un truisme ou une trivialité, il faut reconnaître la conséquence suivante: chaque avancée de la politisation oblige à reconsidérer, donc à réinterpréter les fondements mêmes du droit tels qu'ils avaient été préalablement calculés ou delimités.*[1] **
>
> Jacques Derrida

---

1. DERRIDA, J. *Force de Loi*, p. 62: "A politização [...] é interminável mesmo se ela não pode ou não deve jamais ser total. Para que isto não seja apenas um truísmo ou uma trivialidade, é preciso reconhecer a conseqüência seguinte: cada avanço da politização obriga a reconsiderar, portanto a reinterpretar, os fundamentos mesmos do direito tais quais tenham sido previamente calculados ou delimitados."

* O presente estado deste artigo não teria sido possível sem os enriquecedores comentários de Flávio Riche, José Ribas Vieira e Paulo Calazans.

** Para facilitar a leitura, todas as passagens em língua estrangeira

1. Introdução

No quadro da filosofia política do direito, cuja marca é o reconhecimento das relações de poder que atravessam todo o fenômeno jurídico, mas que sobressaem, certamente, no momento excepcional de fundação do direito, a teoria da democracia alcança um lugar proeminente. É ela que permite oferecer uma justificativa plausível para a obediência a uma ordem jurídico-política constituída e, até mesmo, gera as esperanças de um direito legítimo, ainda que procedimentalmente e/ou contextualmente considerado. O propósito deste artigo é o de promover uma apresentação dos elementos fundamentais das críticas desferidas pelos teóricos da democracia radical contra o modelo deliberativo da democracia (2), de forma a permitir não uma dissolução, mas uma reavaliação imanente à rica tradição deliberativa, capaz de responder aos desafios contemporâneos (3). Do resultado deste empreendimento teórico podem-se inferir sérias conseqüências para a teoria política, não sem repercussões no campo jurídico (4). Diante do novo horizonte indicado, adiantam-se algumas conclusões preliminares de uma pesquisa ainda em andamento (5).

---

foram reproduzidas em traduções livres, excetuando-se, apenas, as transcrições de verbetes de dicionários estrangeiros, cuja precisão de sentido é extremamente importante para o argumento desenvolvido.

2. Democratas e Marginais

O modelo deliberativo de legitimidade democrática[2] consiste numa das melhores alternativas que a teoria e a filosofia políticas norte-atlânticas oferecem aos descaminhos da democracia em condições contemporâneas. Neste debate estão em jogo duas questões: uma de natureza epistemológica, no campo da disputa interna das ciências sociais sobre a utilidade de modelos e esforços normativos e/ou críticos no que pertine aos estudos da democracia, a outra de natureza política, sobre a prevalência de um modelo democrático que concebe o processo político de modo elitista ou a ação política de modo utilitarista conforme os ditames de uma certa antropologia economicista.

No primeiro caso, tem-se em vista a prevalência de uma ciência política desprovida de preocupações de natureza ética ou normativa, exclusivamente interessada na descrição do fato político e na previsão e antecipação de fenômenos vindouros. Esta abordagem no interior da tradição européia de pensamento político sempre teve no marxismo e, posteriormente, na teoria crítica da sociedade, um grande contraponto. No mundo anglo-saxônico o predomínio de uma ciência política positiva só foi solidamente contrastado com a obra de John Rawls. Neste trabalho, porém, a ênfase recairá no segundo caso, relativo à crítica ao predomínio de um modelo elitista e economicista de democracia plenamente adequado ao

---

2. BENHABIB, S. Toward a Deliberative Model of Democratic Legitimacy. In: Idem (ed.). *Democracy and Difference — Contesting the Boundaries of the Political.*

desenvolvimento do pensamento neoliberal e à livre manifestação do modo capitalístico de produção da subjetividade.[3]

Quanto a tal ponto, entende-se que a teoria política não pode abstrair as relações de poder que permeiam e eventualmente determinam a circulação de conceitos em dadas sociedades ou que atuam no interior dos próprios conceitos restringindo-os ou alargando-os. Não se trata de um mero estudo factual ou mesmo genealógico em que se verifiquem as condições contemporâneas de sujeição e sofrimento ou a causalidade imanente das linhas de força hegemônicas que delineiam o tecido social. Tampouco se aceita a possibilidade de declaração de falência do discurso emancipatório de forma que a única ação política possível seja a de caráter fragmentário, a micropolítica. Pelo contrário, entende-se o modelo deliberativo de legitimidade democrática como um esforço articulado para o oferecimento de um quadro conceitual alternativo às doutrinas políticas que encontraram acolhida no estado moderno de modo a dar conta da pluralidade de concepções de bem presentes nas sociedades contemporâneas, sem deixar de conservar um certo nível de identidade capaz de manter vivo o ideário de soberania popular.[4] Neste quadro a questão do poder

---

3. Para o esclarecimento desta última expressão, conferir GUATTARI, F. *Micropolítica — Cartografias do Desejo*, p. 16.
4. Interpretada agora de modo intersubjetivo: *"A soberania do povo retira-se para o anonimato dos processos democráticos e para a implementação jurídica de seus pressupostos comunicativos pretensiosos para fazer-se valer como poder produzido comunicativamente"*. HABERMAS, J. *Faktizität und Geltung — Beiträge zur Diskurstheorie*

não é negligenciada. Exatamente em decorrência da compreensão de que as relações de força existentes na sociedade desempenham um papel importante, os defensores do modelo deliberativo propugnam um caminho em que o círculo da violência, do predomínio do mais forte, do mais habilitado na disputa por posições do sistema de mercado seja sobrepujado por um campo neutro — o campo do discurso.[5] É o *medium* do discurso, cuja estrutura básica é compartilhada por todos que passaram pelos processos de socialização e individuação, que oferece os instrumentos necessários para a construção de processos eqüitativos de tomada coletiva de decisões, assim como espaços selvagens de discussão pública nos quais as esferas burocrática e econômica sejam mantidas em posição eqüidistante.[6] A partir de então é possível conceber as condições de surgimento da política deliberativa, em que os atores políticos agem de modo racional, inclusivo, mas não especializado — logo, não se restringem aos discursos intradisciplinares e elitistas de uma esfera política como arena dos iniciados — em direção ao entendimento. Habermas ilustra a questão com clareza:

---

des Rechts und des Demokratischen Rechtsstaats, p. 365/ *Direito e Democracia — Entre Facticidade e Validade*. Vol. 2, p. 24.
5. HABERMAS, J. *Faktizität und Geltung — Beiträge zur Diskurstheorie des Rechts und des Demokratischen Rechtsstaats*, p. 374-382 / *Direito e Democracia — Entre Facticidade e Validade*. Vol. 2, pp. 34-41.
6. HABERMAS, J. *Faktizität und Geltung — Beiträge zur Diskurstheorie des Rechts und des Demokratischen Rechtsstaats*, p. 415-435/ *Direito e Democracia — Entre Facticidade e Validade*. Vol. 2, pp. 73-91.

"Se quisermos enfrentar questões que tratam da regulação de conflitos ou da persecução de fins coletivos sem empregar a alternativa de conflitos violentos, temos de [müssen wir] adotar uma prática de entendimento [Verständigung], cujos processos e pressupostos comunicativos, no entanto, não se encontram simplesmente à nossa disposição."[7]

A primeira dúvida legítima poderia advir da constatação de que esse espaço político em que se desenrolam as práticas deliberativas não é, nem pode ser num intervalo previsível de tempo, concretamente livre das coerções originadas na esfera econômica ou na máquina estatal. A realidade dos constrangimentos da economia internacional sobre as decisões políticas de uma dada nação soberana, é apenas um exemplo deste tipo de dificuldade. Contra esta objeção pode-se argüir, contudo, que o modelo proposto atua numa esfera contrafática: uma construção racional e relativamente neutra capaz de oferecer um critério para o julgamento e a crítica das instituições contemporâneas. Este é o caminho que trilhou a Escola de Frankfurt, diante da constatação da ausência de uma teleologia irrefutável inscrita no tecido histórico. Ao mesmo tempo, logo que verificados os indícios de existência das formas procedimentais tendentes a construir o referido espaço de neutralidade, poder-se-ão elaborar políticas públicas e reformas institucionais mais conscienciosas, plausíveis e condizentes com

---

[7] HABERMAS, J. *Faktizität und Geltung — Beiträge zur Diskurstheorie des Rechts und des Demokratischen Rechtsstaats*, p. 377 / *Direito e Democracia — Entre Facticidade e Validade*, Vol. 2, p. 36.

uma redistribuição mais igualitária da renda social. Este é, em linhas gerais, um propósito compartilhado pela teoria política norte-americana. Ambos articulam-se de modo a produzir uma justificação germano-americana de um modelo de democracia deliberativa.

Uma segunda dúvida legítima, agora mais poderosa, se verifica quando o crítico do modelo deliberativo passa a voltar seu instrumental teórico contra a possibilidade conceitual de uma tal esfera (de neutralidade). Esta é a abordagem abraçada por autores como Chantal Mouffe, Ernesto Laclau e Slavoj Zizek. Agora o antagonismo é concebido como elemento constitutivo do tecido social. Assim, todo poder político, da monarquia absoluta às modernas democracias, do feudalismo ao totalitarismo, é entendido como oriundo de processos mais ou menos bem sucedidos de articulação hegemônica. Deste modo, a democracia contemporânea não será compreendida como conquista do projeto iluminista e realizadora das condições emancipatórias aferíveis numa estrutura do discurso, reconstrutivamente aferível.[8] Será tomada como artefato contingente, feixe de relações de poder,

---

8. Tem-se um campo de trabalho que admite a pós-modernidade num sentido especial: *"A pós-modernidade não pode ser uma simples rejeição da modernidade; em vez disso ela envolve uma diferente modulação de seus temas e categorias, uma maior proliferação de jogos de linguagem."* LACLAU, E. A Política e os Limites da Modernidade. In: HOLLANDA (org.) *Pós-modernismo e Política*, p. 129. *"Os discursos de igualdade e direitos, por exemplo, não têm de se basear numa essência humana comum como a sua fundação; basta postular uma lógica igualitária cujos limites de operação sejam dados pelas práticas argumentativas concretas existentes numa sociedade."* LACLAU, E. A Política e os Limites da Modernidade, p. 149.

frágil e radicalmente inconsistente, na medida em que sua identidade é erigida a partir de uma base fluida: a interpretação infinita do projeto ético-político moderno de expansão contínua da liberdade e da igualdade:

"Temos de aceitar que todo consenso existe como um resultado secundário de uma hegemonia provisória, como uma estabilização do poder, e que sempre desencadeia alguma forma de exclusão. As concepções segundo as quais o poder poderia ser dissolvido por meio de um debate racional e que a legitimidade poderia fundar-se sobre a pura racionalidade são ilusões que podem ameaçar as instituições democráticas.[9]

Neste sentido, buscar um espaço de neutralidade para superar as doutrinas compreensivas sobre a vida digna e os diversos interesses particulares e que paralelamente reconcilie irrefutavelmente os elementos mais distintos e doadores de sentido ao debate público (como direitos humanos e soberania popular) significa o mesmo que corroer as razões de existência de democracia, cuja

---
9. MOUFFE, C. *The Democratic Paradox*, p. 104. Para um excepcional estudo sobre a gramática da hegemonia cf. LACLAU, E. *New Reflections on the Revolution of our Time*, pp. 28-31. Além disso tais afirmativas partem sempre do pressuposto de um conjunto de críticas sociais que mostraram o quanto a razão é expressão da paixão e do interesse. Não se admitem, enfim, posições tristemente pré-freudianas (não é o caso de Habermas, mas de uma importante parcela dos autores deliberativos). Cf: FITZPATRICK, P. Consolations of the Law: Jurisprudence and the Constitution of Deliberative Politics. *Ratio Juris*, vol. 14, n. 3, 2001, p. 286.

marca fundamental é o risco.[10] Tais perspectivas afastam da vida política o espaço do conflito, excluem as condições do confronto de posições políticas adversárias, ceifam as iniciativas de alternativas concretas diante das forças hegemônicas do presente. À exclusão teórica e prática do adversário, da teia necessária do conflito, geradora do risco e da indeterminação fundamentais para a sustentação da democracia, exsurge a figura do inimigo.[11] A relação forte amigo-inimigo acaba por exercer papel preponderante no espaço público. Trata-se da ascensão de um setor político que não compartilha do ideário básico de valores que reforçam o laço social contemporâneo: igualdade e liberdade, soberania popular e direitos humanos-pluralismo, os quais devem ser entendidos como gramáticas independentes que possuem uma história e um universo próprios, não sendo possível torná-los absolutamente congruentes. O modelo proposto por Mouffe é o dos adversários, um modelo agônico, em que o antagonismo incontornável assume uma forma domesticada, dado que os inimigos se aceitam e se toleram, agindo como 'amigavelmente inimigos'. Os adversários compartilham um quadro de valores básicos, mas a inter-

---

10. MOUFFE, C. *The Democratic Paradox*, pp. 1 a 16.

11. O sintoma da desconsideração do antagonismo em sua forma 'amigável' é o aparecimento do verdadeiro inimigo. Veja-se o exemplo das eleições parlamentares francesas de 2002, quando, na ausência de qualquer espécie perceptível de conflito, disputa, embate político, a votação da extrema-direita cresce assustadoramente. Sobre este mundo da morte do político (pós-político) que abre espaço para uma militarização da política (hiperpolítica) cf.: ZIZEK, S. Carl Schmitt in the Age of Post-Politics. In: MOUFFE, C. (org.) *The Challenge of Carl Schmitt*.

pretação dos mesmos deve ficar indefinida, de forma que *"um adversário é um inimigo, mas um inimigo legítimo, com o qual se tem uma base [ground] comum porque se tem uma adesão compartilhada aos princípios ético-políticos da democracia liberal: liberdade e igualdade."*[12] Assim introduz um elemento constitutivo da política: o conflito, o qual produz disputas políticas vibrantes e passionais. Mobilizando as paixões,[13] é possível alcançar mais atenção para a esfera política e potencializar a democracia, que sofre no presente de profunda apatia e indiferença.[14]

---

12. MOUFFE, C. *The Democratic Paradox*, p. 102. É conhecido o fato de que Mouffe inspira-se também no controverso jurista alemão Carl Schmitt em sua caracterização do político. Para uma análise destas apropriações conferir: MOUFFE, C. Carl Schmitt and the Paradox of Liberal Democracy. In: Idem (org.) *The Challenge of Carl Schmitt*; e, sobretudo: DERRIDA, J. *Politiques de l'Amitié*, pp. 93 a 193.
13. MOUFFE, C. *The Democratic Paradox*, p. 103.
14. Mouffe e Laclau são autores que provêm da tradição marxista-gramsciana. Consideram que é possível construir um projeto político desligado de identidades econômicas prefixadas por meio de um processo contingente de formação do imaginário social, a partir do qual os diferentes sujeitos passivos da opressão do 'social' possam articular as suas demandas por igualdade e liberdade. Neste sentido, deve ser possível construir novos projetos contra-hegemônicos, ainda que seja preciso reconhecer provisoriamente o horizonte do capitalismo: *"A justificação usual para o dogma da ausência de alternativas é a globalização, e o argumento geralmente repetido contra políticas redistributivas social-democratas é o de que rígidos constrangimentos fiscais enfrentados pelos governos são a única possibilidade realista num mundo em que o mercado global não permitiria nenhum desvio da ortodoxia neoliberal. Este argumento toma como dado o terreno ideológico criado por anos de hegemonia neoliberal e transforma o que*

Este artigo tem ainda como objeto uma especulação sobre o ulterior desenvolvimento desta polêmica. Parte-se do pressuposto de que um autor deliberativo sente um profundo apelo vindo de uma certa idéia de justiça, logo, apesar de entender as questões levantadas pelos autores radicais, não aceita a inexistência de um discurso democrático produtor de justiça — propósito último de uma democracia deliberativa. Que respostas poderiam ser oferecidas por um teórico da deliberação? Neste exercício, porém, tal autor imaginário não está constrangido por quaisquer interferências de ordem utilitária ou egoísta, reconhece a legitimidade e seriedade de seu interlocutor e está tão disposto a convencer quanto aberto à possibilidade de ser convencido. Neste debate sem terceiros, o democrata deliberativo está disposto a adentrar o terreno adversário e para fazer-se mais claro e compreensível a seu auditório, resolve adotar parte do instrumental teórico alheio. Diante de sua boa vontade para com o diálogo e no intuito de oferecer outros caminhos de apoio ao projeto deliberativo, concede por um momento que o democrata radical ou agonístico esteja correto quanto à impossibilidade conceitual de um espaço racional de neutralidade.[15]

é uma situação conjuntural numa necessidade histórica. (...) Esta hegemonia pode ser desafiada. A esquerda deve começar a elaborar uma alternativa factível à ordem neoliberal, ao invés de simplesmente tentar administrá-la de um modo mais humano. Isto, claro, demanda o recorte de novas fronteiras políticas e o reconhecimento de que não pode haver uma política radical sem a definição de um adversário, ou seja, a aceitação da inerradicabilidade do antagonismo." LACLAU, E. MOUFFE, C. Preface to the Second Edition. In: Idem. *Hegemony and Socialist Strategy*, pp. xvi-xvii.

15. Uma das inspirações deste projeto de intercâmbio intelectual

3. Condições Marginais da Deliberação

Dado que o veio central de sua argumentação não é aceito, nosso autor imaginário passa a refletir sobre os parâmetros já existentes, internamente ao próprio conceito de deliberação, capazes de ampliar os seus horizontes. Passa a considerar também aquilo que foi deixado de lado pelo *mainstream* deliberativo — questões que, por vezes, vêm igualmente do seio da deliberação, da tradição da deliberação, mas que são hoje negligenciadas. Quem sabe às margens da deliberação não se pode encontrar algum lugar em que haja um diálogo possível entre as duas abordagens? Sua reflexão produz a constatação de três margens da deliberação:

1. A margem geográfica ou topológica. Trata-se dos espaços negligenciados ou mesmo as distinções inconscientes do teórico deliberativo. Há que se considerar numa teoria marginal da deliberação as distinções norte/sul, centro/periferia. Quanto às populações periféricas, uma futura discussão da democracia deliberativa deveria inspirar-se na obra de Boaventura de Souza Santos.[16] Além disso, num sentido topológico, do *locus* onde se verificam os processos con-

---

entre duas perspectivas díspares, mas cujas bases encontram alguma proximidade é o trabalho de YOUNG, I.M. Activist Challenges to Deliberative Democracy. *Political Theory*, vol. 5, n. 5, 2001.
16. SANTOS, B.S. AVRITZER, L. Para Ampliar o Cânone Democrático. In: SANTOS, Boaventura de Souza. *Democratizar a Democracia — Os Caminhos da Democracia Participativa*, 2002, pp. 39 a 82.

cretos de deliberação, ainda não foi produzido nenhum grande estudo sobre as condições de possibilidade de deliberação legislativa, como já indicado por Bohman — com raras exceções.[17] Apesar de ter sido modelo ideal em determinados momentos a deliberação judiciária, por seu turno, ou seja, o caráter radicalmente político que precede à decisão jurisdicional, suas relações com a teoria da argumentação, bem como as possibilidades de atrelar as decisões judiciárias ao princípio democrático, ou a redefinição das funções discricionárias do magistrado num estado de direito como lugar de guarda e defesa da democracia, não foram devidamente pesquisados.

2. A margem identitária. Uma série de esferas é negligenciada: brancos/não-brancos, masculino/feminino, ocidente oriente. Um amplo campo de estudos que envolve o debate da teoria política feminista e da *critical race theory*. Felizmente tal estudo já ultrapassa a limitada barreira individualismo-coletivismo que marcou boa parte do debate entre liberais e comunitários.[18] Em parte tal marginalidade pode ser perquirida na obra de Iris-Marion Young.[19] Outros

---

17. BOHMAN, J. *Public Deliberation*. Cambridge, MA: MIT Press, 2000, p. 45.
18. Neste sentido, DALLMAYR, F. Democracy and Multiculturalism. In: BENHABIB, S. *Democracy and Difference*, pp. 280-284.
19. YOUNG, I.M. Comunicação e o Outro: Além da Democracia Deliberativa. In: SOUZA, J. (org.). *Democracia Hoje*, pp. 365 a 386. A perspectiva da referida autora, bem como uma abordagem que privilegia a margem identitária pode ser bem compreendida pela contribuição de Flávio Riche a este volume. Cf. RICHE, F. Revisi-

45

autores atribuem à identidade um caráter radicalmente político e contingente.[20]

3. A margem interna. A terceira margem não tem limites precisos, é a margem por excelência, a margem cuja linha não se encontra e que paradoxalmente reside no seio da presença a si da democracia deliberativa. Trata-se de uma margem conceitual que sempre existiu e que assombra a todo e qualquer teórico seu defensor, porque de certo modo abarca todas as demais, e fundamentalmente porque possui natureza perturbadora e espectral sempre retornando e jamais permitindo ser vista, ou totalmente vista.[21] Especialmente por seu caráter ao mesmo tempo próximo (é o mais familiar ao autor) e estranho/sinistro (é o que lhe causa maior temor, é seu maior adversário) é que nosso autor imaginário — doravante tão-somente A. — decidiu dedicar-se mais intensamente. Concluiu também, que diante do abismo provocado em si mesmo pela face sem rosto da margem interna o modo mais simples de vislumbrá-la passa pela investigação etimológica.[22]

---

tando a Deliberação Pública. In: VIEIRA, J. R. (org.) Temas de Constitucionalismo e Democracia.
20. LOTT, E. After Identity, Politics: The return of universalism. *New Literary History*, n. 31, 2000.
21. DERRIDA, J. *Espectros de Marx*, 26/27.
22. Um exemplo e uma análise desta prática pode ser encontrado em BALIBAR, E. 'Possessive Individualism' Reversed: From Locke to Derrida. *Constelations*, vol. 9, n. 3, 2002, p. 311 e 317.

Tal estudo revelou-lhe surpresas que podem ser investigadas em dois eixos distintos: a) o eixo clássico; b) o eixo arcaico.

a) Encontra-se amplamente discutido em texto recente de Gary Remer.[23] Trata-se da necessidade de rever que o conceito de deliberação pública, que é muito anterior ao atual movimento de democracia deliberativa. Desde Aristóteles o termo é utilizado para designar um dos gêneros da Retórica: o deliberativo ao lado do judiciário e do demonstrativo ou epidíctico.[24] O texto do autor norte-americano, porém, volta-se para a obra de Cícero, na qual se verifica um conceito de deliberação muito diferente do contemporâneo. Cícero reporta-se aos discursos práticos, com o objetivo de tomada de decisão e seu *locus* privilegiado é a assembléia política. Cumpre observar as características da oratória em geral na qual tal gênero se encerra: discurso persuasivo concreto, em que se deve resolver questões de relevância prática premente; voltado para o povo, não para uma elite; emotivo, na medida em que se trata de lidar com o povo inculto e de lidar com assembléias em que as paixões são o motor central; agonístico, dado que se trata sempre de uma disputa para alçar uma posição de maior prestígio na arena pública.[25]

---

23. REMER, Gary. Political Oratory and Conversation. Cicero versus Deliberative Democracy. *Political Theory*, vol. 27 No. 1, fevereiro, 1999.
24. ARISTÓTELES. *Arte Retórica*. Rio de Janeiro: Ediouro, s/d, p. 46.
25. Note-se que esta característica é plenamente congruente com a

Por outro lado, Cícero considerou ainda um outro gênero retórico (marginal): *sermo*. Tratava-se do discurso num ambiente privado, entre os amigos, que floresce naturalmente entre amigos, aqueles que compartilham de um conjunto de afinidades, desligado de ações concretas ou específicas. Trata-se de um diálogo em que as questões são levantadas de modo racional por uma elite esclarecida, sem a necessidade de qualquer estrutura adversarial. Tal característica lembra A. imediatamente que a sua neutralidade estava ancorada em termos pouco sólidos e que o discurso racional só é possível no seio mais familiar de relações: o dos amigos *fraternos*, em última instância como irmãos.

Remer observa que o modelo adotado contemporaneamente assemelha-se em grande medida com o *sermo* de Cícero: quer-se um debate racional, em que os interlocutores são iguais, tratando-se de modo cooperativo. Ocorre, porém, que Cícero não expurga completamente a paixão de suas considerações. Ao contrário do que normalmente se verifica na teoria deliberativa atual, Cícero reconhece a necessidade de paixões amenas e que encaminhem o homem para o diálogo quando considera o *sermo*, ao passo que no discurso político toda espécie de paixão poderá ser licitamente suscitada.

Assim A. pode verificar como a deliberação em sua vertente clássica aproxima-se de uma forma passional e agonística de fazer política em que o líder é, em grande medida, concebido como herói. Em Cícero é a eloqüên-

---

biografia de Cícero que não teve senão seus dotes oratórios como instrumento de ascensão política. Cf. NICOLET, Claude. MICHEL, Alain. *Cicéron*. Paris: Éditions du Seuil, 1961, pp. 4 a 9.

cia a maior característica do homem político, aquilo que o faz diferente da massa. E ao mesmo tempo, conforme as tradições antigas que Cícero tanto admirava, era preciso atribuir a uma coletividade a decisão final, atribuir a decisão a um outro cuja vontade é absolutamente imperscrutável e inantecipável. Mesmo os melhores, mesmo os mais capazes têm de reconhecer os seus limites e a sua limitação diante da Tradição, da Cidade.

b) Deste modo, chega-se ao segundo eixo no qual se manifesta esta presença do arcaico ou o caráter radicalmente limitado das faculdades humanas. Descobre-se que o termo latino *dēlībero* teve o sentido originário de consultar o oráculo.[26] Deliberar, por-

---

26. O que se pode verificar claramente no *Oxford Latin Dictionary*, p. 508: "*1. To engage in careful thought (usu. in consultation with others), weigh the pros and cons, deliberate. b (w. cum) to take counsel (with a person), consult. c to consult (with an oracle)*" (grifos meus). Como exemplo desta última citam-se as obras *Miltiades* e *Themistocles* de Cornelius Nepos (historiador romano, amigo de Cícero e Catullus, 100-25 a.c.): "*Delphos deliberatum missi sunt qui consulerent Apollinem.*" O dicionário Latino-Português de Francisco Torrinho, p. 237, também faz constar um exemplo similar para este sentido de consultar. Ver ainda o sentido de deliberação como preliminar à decisão exposto no Grande Dicionário da Língua Portuguesa de Morais Silva, p. 869. Também consta do dicionário Português-Latim de Ernesto Faria, o sentido consulta, p. 77. Há, ainda, origens gregas para este sentido, no dicionário Grego-português de Isidro Pereira, S.J., p. 102, há a indicação do sentido de consulta para o termo βουλευσις equivalente grego de *dēlīberātīō* (o mesmo termo grego utilizado por Aristóteles, conforme o dicionário de filosofia de Ferrater Mora, p. 805). O dicionário Grego-Francês de Bailly indica o mesmo sentido e uma curiosidade: o referido termo grego também

tanto, é hesitar decidir imediatamente, é submeter-se radicalmente ao outro, à alteridade, é reconhecer o caráter assimétrico da política[27] e os limites da racionalidade e da individualidade e o caráter efêmero de toda e qualquer decisão. Trata-se de um processo de relativização individual e coletiva. Significa, em última instância, desprender-se de si mesmo, descentrar-se.[28] Arcaico não remete assim a um período histórico definido, mas a um momento hipotético, intuitivamente ligado a um passado imemorial, em que homem e mulheres não se envolveram ainda

---

designa no discurso judiciário a ação contra aquele que cometeu homicídio premeditado (cita-se Demósthenes), bem como aquele que inscreveu alguém de forma fraudulenta na lista de devedores públicos (citam-se Demósthenes e Aristóteles), p. 371.

27. Aqui, tem-se uma relação entre o campo ético e o político. A esfera política não é totalmente congruente com a ética, a primeira tem como característica central o reino da decisão, que não tem um fundamento absoluto, comportando apenas justificações contingentes. No entanto, esta realidade da vida política, da violência simbólica cotidiana e inextrincável da política não pode impedir a possibilidade de um tipo ético específico, uma ética sem substância, pelo contrário, ela contribui para a experiência subjetiva que permite uma ética vazia ou ética da abertura ética. Conferir CRITCHLEY, S. *Ethics-Politics-subjectivity*, pp. 254-286.

28. Talvez este *status* não seja plenamente preenchido pelo termo *dēlīberātiō*, ou ao menos, tenha de ser complementado. Um outro conceito latino pode ser útil: *deliberabundus* (*Oxford Latin Dictionary*, 508): "Occcupied in deliberation, deep in thought" — exemplo: *rex uelut deliberabundus* (citação de T. Liuius); *consules uelut deliberabundi capita conferunt* . Também o dicionário Latino-Português de Francisco Torrinho, p. 237: "que pondera bem, *absorvido na deliberação*" (grifos meus).

no movimento tautológico de domínio e controle de tudo que é.

4. A Deliberação para a Democracia

Em quê, contudo, tais considerações podem contribuir para a compreensão contemporânea do tema da democracia deliberativa? Subitamente a identidade conceitual deliberativa parece tão perturbada que não faz sentido mais falar em deliberação? Exatamente o contrário: deliberação deixa de adjetivar a democracia e passa a ser o ato primário de uma política por vir. O momento inexistente, mas esperado, em que a política voltará a ser plenamente congruente com uma comunidade. Esta vontade de retorno à forma antiga de fazer política em que a disputa se faz em nome da imortalidade, da glória, em que a individualidade se manifesta no exclusivo domínio da deliberação pública, encontra-se facilmente no estudo de Arendt sobre a esfera pública grega:

> "Se o mundo deve conter um espaço público, não pode ser construído apenas para uma geração e planejado apenas para os que estão vivos: deve transcender a duração da vida de homens mortais./ Sem essa transcendência para uma potencial imortalidade terrena, nenhuma política, no sentido estrito do termo, nenhum mundo comum e nenhuma esfera pública são possíveis."[29]

---

[29]. ARENDT, H. A Condição Humana, p. 64.

No entanto, a comunidade, a tradição, que acolhe e recolhe o homem da incerteza garantindo-lhe um pouso seguro é exatamente aquilo que se tornou radicalmente impossível na Modernidade. Os fenômenos sociais contemporâneos da globalização à flexibilização das relações de trabalho, da clonagem à virtualização[30] do saber e da informação em nada indicam o retorno da glória e do *ethos* do lácio. Mas a nostalgia, a inveja do passado, a vontade de comunidade podem ter ainda alguma valia. Apelar à comunidade[31] hoje significa apelar a um agenciamento não idêntico a si, perturbado, indefinido. Desprovidas de doutrinas compreensivas sobre o bem que assegurem um laço social forte, descrentes das tradições fundadoras que se revelam opressivas e sufocantes, indiferentes às alternativas racionais modernas para a solução de conflitos, as pretensas comunidades acabam por enredar-se em anti-redes sociais nas quais predomina exclusivamente a gramática do mercado. Uma única universalidade: a da venda, a grande liquidação geral dos corpos, das idéias e das instituições. Apelar à comunida-

---

30. LEVY, Pierre. *O que é o Virtual*, pp. 15-25.
31. É possível também conceber um sentido trágico, como Paulo que apela a César diante de Pórcio Festo — na adversidade apela para a autoridade mais alta de seu tempo valendo-se de sua cidadania romana: ATOS 25, 11. Se foram os romanos que lhe impuseram a pena de decapitação alguns anos mais tarde, apelar a eles revelou-se um expediente eficiente para a continuidade da propagação da fé, evitando a cilada que alguns judeus planejavam. Neste sentido, mesmo o apelo deve ser visto sempre com cautela, ele pode redundar na intensificação de poderes autoritários, como os dos romanos ou de um deus todo-poderoso e opressor. Como se percebe mais adiante, o próprio apelo deve ser relativizado.

de significa fazer uma chamada aos radicalmente estranhos, à reinscrição e reinvenção de um certo processo de identificação no qual seja possível dizer nós, a reunião mediada de alguns fragmentos de solidariedade e sua amplificação viabilizados por uma ação política. No entanto, tal operação restará infrutífera se os espaços de conflito, de manifestação do antagonismo forem cerceados: no exato momento em que o risco da exceção, da destruição, da subversão da identidade é suprimido, ele se torna radicalmente presente. No exato momento em que as organizações de esquerda abandonam o seu ideário de transformação radical das bases da sociedade, no momento em que os atores políticos renunciam a sua tarefa de construção do imaginário social emancipatório emergem grupos que se propõem simplesmente a pôr fim a tudo que se conhece por justo: direitos humanos, democracia, liberdade, legalidade. No exato momento em que a diversidade de alternativas políticas é sufocada, crescem os grupos fundamentalistas e integristas modernos.[32]

Assim, tanto em sociedades que já possuem algum nível de identidade, ainda que perturbado e demandando atualização, como naquelas em que os processos de identificação restam por vir, a deliberação deve servir como pressuposto, como momento matricial a partir do qual se desenvolvem a amizade e o antagonismo políticos. A estrutura da deliberação assemelha-se, portanto,

---

32. Ver caso da intervenção norte-americana no Irã. O apoio norte-americano ao golpe que derrubou o governo socialista de Mossadeghi reinstalando o Xá Rheza Pahlevi no poder foi um dos grandes fatores que nutriram o ódio antiamericano no Irã e que semearam a vindoura Revolução Islâmica.

à estrutura do acontecimento.[33] Assim é a experiência da indecidibilidade[34] entre amizade e hostilidade (em outros termos: entre justiça e direito), do abismo prévio aos amigos e inimigos que permite a emergência de uma nova forma de prática política em que o 'nós' e o 'eles' do conceito schmittiano de política sejam redefinidos em termos internos a um determinado agenciamento. É esta experiência de indecidibilidade que pode alimentar a relativização do inimigo, permite a constância do *por vir* no aqui/agora. Não se trata, portanto de uma utopia, tampouco de um ideal regulativo mas de uma prática presente, comprometida com um não-cotidiano singular.[35] Trata-se de um compromisso com o aqui/agora, uma responsabilidade infinita, que quer fugir da mediocridade do corriqueiro: *"tudo o que não é da ordem do julgamento, da decisão e, sobretudo, da representação, escapa ao mesmo tempo às instituições democráticas atuais e à opinião pública como tal."*[36]

---

33. Penso aqui numa versão de acontecimento um pouco mais frágil que a expressa por Badiou, igualmente fundadora, mas a partir da abissalidade indecidível e não da emergência do novo.
34. *"O indecidível não é apenas uma oscilação ou a tensão entre duas decisões. Indecidível é a experiência daquilo que, estranho, heterogêneo à ordem do calculável e da regra, deve, no entanto — é de dever que se deve falar — tomar uma decisão impossível levando em conta o direito e a regra."* (grifos do autor). Cf. DERRIDA, J. Du Droit à la Justice. In: Idem. *Force de Loi*, p. 53. Indecidível que Derrida também associou aos termos deliberação e hesitação. Cf. DERRIDA, J. *Espectros de Marx*, p. 44.
35. DERRIDA, J. Remarks on Deconstruction and Pragmatism. In: MOUFFE, C. (org.) *Deconstruction and Pragmatism*, p. 83.
36. DERRIDA, J. La Démocratie Ajournée. In: Idem. *L'Autre Cap*, p. 109-110.

Por um lado a política deliberativa é, assim, uma pré-política, porque se propõe a engendrar o momento a partir do qual a política decisional, aquela que escolhe amigos e inimigos, pode emergir. Ela vive em algum lugar anterior à defesa ou rejeição de um projeto de sociedade, de país, de economia. Por outro, é também política, na medida em que é uma decisão, ainda que peculiar, a decisão de, na busca do *por vir*, romper com a rigidez de toda a ética, de todo fechamento, enclausuramento identitário. É política porque não é estabelecida, mas radicalmente constituinte, geradora de crises que impedem as cristalizações do 'social'. É a decisão de ouvir, ainda que por um momento, a voz universalmente assustadora da indecidibilidade radical. Uma decisão política em busca de um momento ético. Uma experiência ética universal. Nesta universalidade e nesta ética infinita, sem conteúdo, produzida pela espera, sem horizonte de espera, o democrata deliberativo encontrou um veio pelo qual poderá navegar impaciente e seguramente em nome da Justiça.[37] Por outro lado, o grande risco que se

---

37. O termo Justiça tem uma acepção muito peculiar na obra de Derrida e deve ser diferenciado de direito. O direito é desconstrutível, pois é parte da história das instituições, das sociedades, porque é fundado e ao mesmo tempo sua única garantia é a força. É possível portanto traçar-lhe a história, verificar as suas bases, as suas constringências, as repressões das vozes dissonantes, ou a iterabilidade que encerra — a sua inocência trágica. Mas este seu caráter é exatamente a condição para as mudanças históricas para o tênue progresso pelo qual se pode ter esperança. Isto posto, qual é o lugar da justiça? Não a justiça como direito, mas a justiça em si? Eis a resposta de Derrida: *"Nada mais que a desconstrução ela mesma, se alguma coisa assim existe. A desconstrução é a justiça."* Esta é a grande surpresa do texto

corre é o de tentar fazer derivar silogisticamente alguma política concreta deste momento, desta experiência ético-estética. Há o caso extremo de concepções dogmáticas, autoritárias, paternalistas que atribuem um corpo vivo, uma armadura, àquela sensibilidade espectral, perturbada e indecidível. Mas também o caso costumeiro de uma sub-reptícia desqualificação do outro e de um etnocentrismo mascarado pela retórica dos direitos humanos e da democracia universal. É esta transformação da teoria política em teoria moral que produz tão graves frutos nas relações internacionais contemporâneas. Este caminho, certamente, inviabiliza a articulação proposta entre deliberativos e radicais.[38]

---

que coloca o tema da justiça no centro de toda a reflexão derridiana. Esta afirmação não pode ser tomada de forma banal e deve ser assumida com toda a sua força semântica. Derrida está muito ciente do peso dos termos que usa, logo sua opção e associação da desconstrução à justiça deixa entrever uma abertura ainda mais profunda para as questões de ordem ética. DERRIDA, J. Du Droit à la Justice. In: Idem. *Force de Loi*, p. 34.

38. Esta é, a rigor, a condição prático-teórica para qualquer política emancipatória. O exercício de qualquer atividade crítica para não cair no dogmatismo, no etnocentrismo e no contextualismo precisa de uma base autocrítica, uma força propulsora, ainda não substantiva — força de auto-relativização, força de hesitação. Na análise de Derrida sobre a herança do marxismo é possível perceber-se este imperativo: "*Continuar a inspirar-se em um certo espírito do marxismo seria permanecer fiel ao que sempre fez do marxismo, em princípio e primeiramente, uma crítica radical, a saber, um método pronto a sua autocrítica. Essa crítica se quer, em princípio e explicitamente, aberta sobre sua própria transformação, sua reavaliação e sua auto-reinterpretação. Tal 'se querer' crítico enraíza-se necessariamente; ele se encontra investido em um solo que ainda não é crítico,*

Vejamos, então, melhor, como funcionam as relações entre deliberação e radicalismo: por meio da atenção à terceira margem, o teórico deliberativo consegue fazer-se compreensível ao teórico-político radical. Diante do fato do poder, e sem negá-lo, oferece o fato ético, a lei da ética. Esta última, porém, deve estar a disposição de qualquer um, do democrata radical, do liberal, do conservador, até da extrema-direita e da extrema-esquerda. A rigor, todas estas perspectivas sempre foram capazes de apropriar-se dela. Mas apenas a concepção radical, por não estar comprometida com as estruturas dominantes de poder nem as de hoje, nem as do passado, muito menos com o poder econômico-subjetivo que domina estas estruturas, é que reúne as condições para deixar-se desapropriar *nela*. Assim, a deliberação, se não pode ter outras conseqüências de conteúdo, ao menos na teoria radical, pode produzir uma reuniversalização de suas lutas — exatamente o que se precisa no cenário político internacional contemporâneo. A radicalidade, que tem se resumido às justas lutas identitárias, culturais, artísticas e comunitárias poderá reinventar-se desconstruindo-se, desterritorializando-se e reencarnando um imaginário social crítico e criativo tradutor de todas as lutas e reivindicações numa linguagem comum — que por sua vez já não fará mais parte daquele momento 'pré-político.'[39]

---

mesmo sem ser, ainda não, pré-crítico. Este estilo é mais do que um estilo, embora seja também um estilo. É herdeiro de um espírito das Luzes a que não se deve renunciar." (destaques do autor). Cf. DERRIDA, J. *Espectros de Marx*, p. 120.
39. O conceito de tradução como ferramenta para a articulação dos

Para tanto, aquele comunitarismo deve tornar-se comunitarismo formal, de uma comunidade sem comunidade; de uma política comunitária que não reconhece a presença, a autoridade, o caráter mítico do poder. Neste sentido não se busca mais a construção de sujeitos coletivos capazes de assegurar a perpetuação do ideal revolucionário. A história do marxismo poderia ser pensada como a história do desespero pelo agente revolucionário, do proletário ao camponês, dos marginais aos excluídos... A força virótica e disruptiva do discurso emancipatório *por vir* reside no caráter frágil de sua imanência. Frágil e molecular, misticismo laico.[40] Desde que a mística seja considerada como a relativização e descentramento do self, o contrário do mito.[41]

---

movimentos sociais num novo projeto hegemônico encontra-se em SANTOS, B.S. *A Crítica da Razão Indolente — Contra o desperdício da experiência*, p. 27.

40. Para a idéia de que na obra de Derrida tem-se um misticismo iluminista/laico, cf: McCORMICK, J.P. Schmittian Positions on Law and Politics? CLS and Derrida. *Cardozo Law Review*. Vol. 21, 2000, p. 1720-1722.

41. A ênfase sobre a desconstrução do mito e de uma política mitológica verifica-se em contraposição à possibilidade de que o pensamento crítico venha a enredar-se nele. A luta contra a globalização, por exemplo, não pode redundar na fundação do contra-império — a alimentação de potências de mesma natureza daquelas que geram a opressão. É preciso apostar numa alternativa qualitativamente diferente. Cf. BALIBAR, E. Outlines of a Topography of Cruelty: Citizenship and Civility in the Era of Global Violence. *Constellations*. Vol. 8, n. 1, 2001. Com esta afirmação, evitam-se as possíveis críticas por uma submissão do homem a um poder externo e opressor — do oráculo — pelo contrário, trata-se de desconstruir o mito. A idéia do oráculo tem a função de desconstruir o mito da razão, mas a rein-

5. Conclusão

A partir destas reflexões chega-se a algumas conclusões sobre o conceito de deliberação:

1. A deliberação pública, no sentido de processos de tomada coletiva de decisões, é uma prática cotidiana das sociedades democráticas. Sua ausência indicaria de algum modo a imposição de políticas públicas, comportamento, modelo econômico, concepções de bem, algo que se convencionou chamar de ditadura.

2. No entanto a sua prática não pode ser enfeixada num rol taxativo de mecanismos e instrumentos. Ela só é viva se for selvagem. Se puder se manifestar em diversas esferas, inclusive privadas. Se nosso conceito de democracia institucional se limita corretamente a questões tradicionalmente públicas, a gramática da deliberação radical alcança domínios familiares, econômicos e afetivos.[42]

3. Como a realidade das democracias ocidentais demonstra, a democracia pode ser passiva, limitada a uma apreciação das qualidades e vícios dos governantes. A deliberação por seu turno não se limita ao consentimen-

---

venção da política deliberativa, não é operada por ela, mas pelo conceito de consulta, de apelo.

42. Entende-se que a política deliberativa proposta atende às reivindicações feministas de que não se pode negligenciar as questões de gênero, como afirmado por BENHABIB, S. Toward a Deliberative Model of Democratic Legitimacy. *Democracy and Difference*, 81. Contudo as questões privadas não deverão ser objeto de deliberação pública democrática a não ser que passem pelo escrutínio da politização promovida pelos processos de deliberação, que como já foi dito transcendem os limites entre o público e o privado.

to,[43] pelo contrário, exige a mobilização das energias intelectuais e afetivas de todos os envolvidos, como se verificou no eixo clássico.

4. Apesar de irresignada, ativa e produtiva, a deliberação, nos termos ora propostos, é marcada por uma relativização individual e comunitária contínua. O respeito pelo outro, não por uma alteridade abstrata, mas pelo rosto, história e posição do outro é uma característica primária. Este processo de relativização e abertura para o outro que se verificou no eixo arcaico permite a inclusão cada vez maior de todos os atores políticos e sociais, e, portanto, uma profunda tarefa de politização. Não se trata, aqui, de incluir apenas os membros razoáveis de uma determinada comunidade política.[44]

5. Assim, tal dimensão comporta um espaço comum, em que as disputas políticas são travadas. A deliberação promove e faz proliferarem-se os processos de identificação coletiva que em tese permitem a emergência de arenas públicas capazes de enriquecer e expandir a democracia. Tem-se um efeito relativamente *amistoso* na esfera pública política, porque promove uma agenda pública comum e eventualmente uma desidentidade comum.

---

43. Discorda-se, neste momento da posição expressada por Bohman, segundo a qual a maior característica da democracia é o consentimento. Cf. BOHMAN, J. *Public Deliberation*, p. 4. Para os propósitos deste trabalho, é o risco e a existência de um espaço vazio ou inapropriável de poder em última instância que caracterizam sociologicamente a democracia. Cf. MOUFFE, C. *The Democratic Paradox*, p. 2.

44. MOUFFE, C. Deconstruction, Pragmatism and the Politics of Democracy. In: Idem (org.) *Deconstruction and Pragmatism*, p. 10.

6. Por outro lado, no campo das relações privadas e das esferas públicas não-politizadas o efeito é exatamente o contrário: tem-se uma agudização do antagonismo imanente ao tecido social, produzindo a emergência de novas esferas políticas, cujo potencial explosivo é muito grande. Tais esferas produzem os espaços afetivos e a emancipação individual ou associativa necessária para a constituição de atores políticos fortes e determinados a defender as suas concepções de justiça na esfera pública política.[45] Desse modo, a deliberação jamais promove o consenso, tampouco o esgarçamento do laço social. Os processos de politização e repolitização sempre fornecem o material necessário para evitar a sedimentação e cristalização de estruturas de poder que significariam o fim da democracia. Enquanto que os processos de identificação produzidos pelos encontros coletivos freiam as conseqüências anti-sociais do reconhecimento do antagonismo generalizado.[46]

6. Bibliografia

Dicionários e Enciclopédias

The New Encyclopædia Britannica, vol. 8. Chicago: University of Chicago, 1990.

---

[45]. Aproprio-me dos conceitos e linguagem de Ernesto Laclau, no que pertine ao antagonismo social, processos de identificação, relação entre o social e o político e dialética entre sedimentação e dessedimentação. Cf. LACLAU, E. *New Reflections on the Revolution of our Time*. Londres: Verso, 1990, pp. 03 a 82.
[46]. Expressão cara a LYOTARD, J.F. *A Condição Pós-Moderna*. Rio de Janeiro: José Olympio, 1998, pp. 17 a 19.

BAILLY, A. *Dictionnaire Grec Français*. Paris: Hachette, 1950.
GLARE, P.G.W. (org.) *Oxford Latin Dictionary*. Oxford: Oxford University Press, 1982.
MORA, J.F. *Dicionário Filosofia, Tomo I*. Barcelona: Ariel, 1994.
PEREIRA, I., S.J. *Dicionário Grego-Português e Português-Grego*. Porto: Livraria Apostolado da Imprensa, 1951.
SILVA, A.M. *Grande Dicionário da Língua Portuguesa, vol.III*. Lisboa: Confluência, 1951.
TORRINHA, F. *Dicionário Latino-Português*. Porto: Marânus, 1945.

Livros, Artigos e Periódicos

ARENDT, H. *A Condição Humana*. São Paulo: Forense Universitária, 1981.
ARISTÓTELES. *Arte Retórica*. Rio de Janeiro: Ediouro, s/d.
BADIOU, A. *Ética*. Rio de Janeiro: Relume-Dumará, 1995.
BALIBAR, E. 'Possessive Individualism' Reversed: From Locke to Derrida. *Constelations*, vol. 9, n. 3, 2002.
_____. Outlines of a Topography of Cruelty: Citizenship and Civility in the Era of Global Violence. *Constellations*. Vol. 8, n. 1, 2001.
BENHABIB, S. Toward a Deliberative Model of Democratic Legitimacy. In: Idem (org.). *Democracy and Difference — Contesting the Boundaries of the political*. Princeton: Princeton University, 1996.

BOHMAN, J. *Public Deliberation.* Cambridge, MA: MIT, 1999.
CRITCHLEY, S. *Ethics-Politics-Subjectivity.* Londres: Verso, 1999.
DALLMAYR, F. Democracy and Multiculturalism. In: BENHABIB, S. (org.). *Democracy and Difference.* Princeton: Princeton University, 1996.
DERRIDA, J. La Démocratie Ajournée. In: Idem. *L'Autre Cap.* Paris: Les éditions de minuit, 1991.
_____. *Force de Loi.* Paris: Galilée, 1994.
_____. *Politiques de l'Amitié.* Paris: Galilée, 1994.
_____. *Espectros de Marx.* Rio de Janeiro: Relume-Dumará, 1994.
_____. Remarks on Deconstruction and Pragmatism. In: MOUFFE, C. (org.) *Deconstruction and Pragmatism.* Londres: Routledge, 1996.
FITZPATRICK, P. Consolations of the Law: Jurisprudence and the Constitution of Deliberative Politics. *Ratio Juris,* vol. 14, n. 3, 2001,
GUATTARI, F. *Micropolítica — Cartografias do Desejo.* Petrópolis: Vozes, 1999, p. 16.
HABERMAS, J. *Faktizität und Geltung — Beiträge zur Diskurstheorie des Rechts und des Demokratischen Rechtsstaats.* Frankfurt/M.: Suhrkamp, 1999.
_____. *Direito e Democracia — Entre Facticidade e Validade. Vol. 2.* Rio de Janeiro: Tempo Brasileiro, 1997.
LACLAU, E. MOUFFE, C. Preface to the Second Edition. In: Idem. *Hegemony and Socialist Strategy.* Londres: Verso, 2001.
LACLAU, E. *New Reflections on the Revolution of our Time.* Londres: Verso, 1990.

_____. A Política e os Limites da Modernidade. In: HOLLANDA (org.) *Pós-modernismo e Política*. Rio de Janeiro: Rocco, 1992.

LEVY, P. *O que é o Virtual*. Rio de Janeiro: Ed. 34, 1996.

LOTT, E. After Identity, Politics: The return of universalism. *New Literary History*, n. 31, 2000.

LYOTARD, J.F. *A Condição Pós-Moderna*. Rio de Janeiro: José Olympio, 1998.

McCORMICK, J.P. Schmittian Positions on Law and Politics? CLS and Derrida. *Cardozo Law Review*. Vol. 21, 2000.

MOUFFE, C. Deconstruction, Pragmatism and the Politics of Democracy. In: Idem (org.) *Deconstruction and Pragmatism*. Londres: Verso, 1996.

_____. Carl Schmitt and the Paradox of Liberal Democracy. In: Idem (org.). *The Challenge of Carl Schmitt*. Londres: Verso, 1999.

_____. *The Democratic Paradox*. Londres: Verso, 2000.

NICOLET, C. MICHEL, A. *Cicéron*. Paris: Éditions du Seuil, 1961.

REMER, G. Political Oratory and Conversation. Cicero versus Deliberative Democracy. *Political Theory*, vol. 27, n. 1, 1999.

RICHE, F. Revisitando a Deliberação Pública. In: VIEIRA, J. R. Temas de Constitucionalismo e Democracia. Rio de Janeiro: Renovar, 2003.

SANTOS, B.S. *A Crítica da Razão Indolente — Contra o desperdício da experiência*. São Paulo: Cortez, 2000.

SANTOS, B.S. AVRITZER, L. Para Ampliar o Cânone Democrático. In: SANTOS, B.S. *Democratizar a Democracia — Os Caminhos da Democracia Participativa*. Rio de Janeiro: Civilização Brasileira, 2002.

YOUNG, I.M. Activist Challenges to Deliberative Democracy. *Political Theory*, vol. 5, n. 5, 2001.

_____. Comunicação e o Outro: Além da Democracia Deliberativa. In: SOUZA, Jessé (org.). *Democracia Hoje*. Brasília: UnB, 2001.

ZIZEK, S. Carl Schmitt in the Age of Post-Politics. In: MOUFFE, C. (org.). *The Challenge of Carl Schmitt*. Londres: Verso, 1999.

A liberdade de expressão como expressão da liberdade

Paulo Murillo Calazans

"Imago animi sermo est"
(a palavra é a imagem da alma)
Sêneca

INTRODUÇÃO

Festejados pensadores contemporâneos, no estudo das complexas questões que envolvem o tema da democracia, têm procurado resgatar o chamado "projeto inacabado da modernidade", assinalando que o rompimento da unidade ética — proposta nos moldes do pensamento contratualista rousseauniano como ponto de partida para a realização do sistema democrático — por uma *rationale* centrada na filosofia do sujeito impõe, como condição de possibilidade para o alcance da emancipação sociopolítica pretendida pelo Iluminismo, a superação do paradigma subjetivo e um caminhar definitivo na trilha da intersubjetividade.

Com efeito, a plenitude de ocupação do espaço público, visto como meio indispensável ao processo decisório coletivo, estrutura central, por excelência, do exercício da cidadania ativa e de realização do ideal democrático, requer um câmbio na postura filosófica estabelecida durante a modernidade, no sentido de se resgatar o debate argumentativo, prestigiando a ação e a comunicação, e, em última análise, focalizando os esforços intelectuais na racionalidade intersubjetiva, de forma a atender as exigências apresentadas pela enorme complexidade e multiplicidade das sociedades contemporâneas e as obstruções ao projeto democrático, que o pensamento moderno, centrado no sujeito, não logrou superar.

Da mesma forma, os novos desafios apresentados à implementação da democracia, sobretudo nos países menos favorecidos, nos quais as condições econômicas e sociais da população são precárias e a liberdade política é ainda incipiente, tíbia e circunscrita a parcelas restritas da sociedade, clamam pela (re)construção de determinados direitos fundamentais, que possuem, a um só tempo, natureza substancial e características instrumentais, porquanto estão ligados diretamente à concepção jusnaturalística de imanência à própria natureza humana e são também percebidos como elementos garantidores da participação de esferas cada vez mais amplas da sociedade nas discussões políticas e, conseqüentemente, na produção das normas jurídicas de conduta que serão aplicáveis a todos os membros da comunidade. Além disso, como adverte Joshua Cohen[1], determinadas pressuposi-

---

1. COHEN, Joshua. *Procedure and substance in Deliberative Democracy*. In: BENHABIB, Seyla (org.). *Democracy and Difference — Contesting the Boundaries of the Political*, p. 102 et seq.

ções substantivas dos modelos procedimentais de democracia que são propostos por boa parte dos defensores da democracia deliberativa devem ser rigorosamente protegidas e, até mesmo, ampliadas para os planos social e econômico, através do asseguramento de condições mínimas básicas que precedem os direitos de participação no processo político. Cumpre anotar que a discussão acerca da ampliação do acesso à discussão política nas sociedades atuais também perpassa a necessidade de superação do paradigma filosófico subjetivo que caracterizou o pensamento moderno, em que, conquanto necessários, são insuficientes, para a completa realização do ideal democrático, os direitos individuais de voto universal e acesso aos cargos parlamentares, tornando-se imprescindível, por evidente, a materialização plena e efetiva dos demais direitos de natureza relacional, voltados para o asseguramento da prática discursiva e da ocupação plena e irrestrita dos espaços públicos por cidadãos, não somente iguais, mas também livres. Além disso, dada a infinita pluralidade quanto às preferências morais e aos diversos interesses que se contrapõem nas sociedades complexas, há que se privilegiar os direitos de participação nas mais diversas esferas da vida pública e estimular a formação, ampliação e atuação das organizações coletivas, atribuindo-se-lhes legitimação nos vários aspectos da ação coletiva, otimizando a articulação política dentro de uma intrincada rede de posições ora antagônicas, ora convergentes, e facilitando a exposição dos múltiplos anseios presentes em comunidades plurais, ao mesmo tempo em que possibilita o livre debate e a busca do entendimento e da compreensão mútua entre os indivíduos.

Neste sentido é que se pretende analisar, no presente texto, a importância suprema da liberdade de expressão como elemento indispensável para a efetivação do regime democrático e verdadeiro ponto-de-partida para qualquer proposta centrada no preenchimento do espaço intersubjetivo, isto é, na interação comunicacional.

A garantia da liberdade de expressão, assim como a circunscrição de seus limites, seja por obra do legislador, seja por sua conformação *a posteriori*, através da atividade jurisdicional dentro de uma perspectiva hermenêutica, constituem o supedâneo fundamental de um Estado democrático, sendo certo que o exercício livre — porém harmônico com outras liberdades fundamentais alheias — da manifestação de pensamento e da exposição das preferências individuais requer sua proteção máxima pela ordem constitucional e por parte do intérprete do direito. A formulação do pensamento no interior da mente humana e sua exposição ao mundo exterior através da expressão de argumentos decorrem da construção lógica que se desenvolve a partir de informações disponíveis, sem as quais se torna prejudicado qualquer pretensão ao debate livre e igual entre os cidadãos. Por outro lado, é através da expressão livre que os pensamentos se transformam em fatos comunicacionais concretos, deixando de ocupar tão somente o intelecto individual, mas exteriorizando-se e materializando-se no mundo das relações intersubjetivas.

Assim, ousa-se aqui argüir que, com efeito, a liberdade de expressão se consubstancia no mais elevado entre todos os direitos fundamentais que norteiam a vida nas sociedades democráticas, isto é, na *norma normarum*, para tomar por empréstimo a expressão cunhada por

PAULO BONAVIDES², pois até mesmo a proteção aos valores supremos da dignidade da pessoa humana e do direito à vida decorre, senão, da garantia de uma possível construção argumentativa entre os membros da comunidade política, onde, através da exposição das razões entre os sujeitos da *polis*, da busca da compreensão mútua e, igualmente, com a permanente perseguição do bem comum, é que se alcança erigir aqueles valores ao patamar da proteção jurídica constitucional apropriada. Em outras palavras, é a própria história que demonstra cabalmente que somente nos períodos em que se logrou alargar, em toda sua plenitude, o exercício das faculdades subjetivas decorrentes da liberdade de expressão, ínsitas aos regimes democráticos, é que se conseguiu, pela via da construção argumentativa na esfera pública, assegurar níveis máximos de proteção a demais valores supremos e inderrogáveis para a sociedade, tais quais a proteção à vida e à dignidade humanas. Nos regimes de exceção, autoritários e absolutistas, a supressão ao debate e à exposição de razões no seio da comunidade é que assegurou, a um só tempo, a permanência de tais regimes e a violação reiterada dos direitos humanos mais elementares[3].

---

2. Referindo-se, todavia, ao papel dos princípios, distinguindo-os das regras, na conhecida tripartição conceitual, in *Curso de Direito Constitucional*, p. 261.

3. É claro que a assertiva ora proposta de que a liberdade de expressão se situa no ápice de um sistema de direitos necessários para a efetivação da democracia e para o asseguramento daqueles valores tidos por mais caros para as comunidades não se confunde com a escala hierárquica substantiva existente entre estes mesmos valores, onde, obviamente, se situam a vida e a dignidade do homem em seu

Neste sentido, também, a constatação de I. F. STONE[4]:

"*É evidente que os homens devem ter exercido o direto de se expressar livremente durante muito tempo antes que viessem a formular o conceito de liberdade de expressão. É possível que o conceito em si tenha sido elaborado como reação a tentativas de abolir essa liberdade — ou na luta pela sua reconquista.*"

---

vértice superior; tão somente se quer afirmar que a proteção destes valores substantivos requer, como condição de possibilidade, isto é, que se efetive, *a priori*, o espaço público de discussão política, de forma que todos os membros da comunidade possam exercer o efetivo controle sobre a *res publicae*, inclusive os instrumentos de coerção estatal, evitando, destarte, por via do debate aberto e transparente sobre as atividades dos exercentes efêmeros do poder político estatal, que estes não se venham a esquecer da origem e finalidade do poder constituído, e não o subvertam para o atendimento de interesses particulares em detrimento da finalidade do bem geral que a comunidade soberanamente lhes emprestou. Efetivamente, é a garantia de um espaço público aberto a base de proteção maior contra as abjetas atrocidades autoritárias recorrentes algures, mas, em especial, em nossa região do globo.

4. In O *Julgamento de Sócrates*, p. 218. Esta magnífica obra de I. F. Stone é o produto de sua saga pessoal acerca das questões atinentes à liberdade de expressão e de pensamento. Com mais de 60 anos de idade, na década de 70, o festejado jornalista norte-americano dedicou-se ao estudo do grego arcaico, para mais bem compreender a história da Grécia Antiga, vindo a revelar, por intermédio do histórico episódio do julgamento de Sócrates, inúmeras informações originais sobre a formação do conceito de liberdade de expressão no berço da democracia; trata-se de contribuição verdadeiramente arqueológica, de inestimável valor para o estudo do tema.

Nesta perspectiva, cumpre analisar a forma pela qual se assentou na ordem constitucional brasileira a liberdade de expressão, a formatação *a posteriori* que lhe tem dado a hermenêutica judicial, sobretudo das cortes constitucionais, assim como sua importância para o estudo crítico da Teoria da Constituição, não se podendo prescindir, para esse propósito, das experiências jurisprudenciais do direito comparado e da profícua contribuição advinda do estudo cada vez mais aprofundado da democracia deliberativa.

Por fim, é mister apontar o déficit profundo da dogmática jurídica pátria no que respeita a este tema. É fácil perceber que a doutrina constitucional cinge-se a analisar o princípio da liberdade de expressão à luz do ímpeto latente e do clamor enclausurado pela censura opressora ao longo de cerca de vinte e cinco anos de regime político de exceção, que antecedeu o Estado Constitucional de Direito fundado com a nova ordem político-jurídica implantada em 1988.

Assim, a análise da liberdade de expressão pelo pensamento constitucional brasileiro é limitada ao seu cotejamento com a censura prévia e com a liberdade de imprensa, ou, ainda, no plano político, limitada à questão das garantias e imunidades dos parlamentares e, no plano individual, com o direito de proteção à honra e a imagem. Com efeito, carecemos de uma elaboração dogmática mais aprofundada no que concerne à questão da liberdade de expressão, tal qual se pode observar no campo do constitucionalismo e da filosofia política alhures. Com efeito, um estudo mais detido desta natureza atenderia aos novos desafios postos pelas discussões mais complexas acerca dos limites e fundamentos da democracia nas sociedades complexas e plurais, as perspectivas procedimental e substantiva que gravitam em torno da justificação dos direitos fundamentais, o processo legislativo, a proteção das minorias contra eventuais abusos das maiorias opressoras e, fundamentalmente, a proteção à dignidade do homem e do cidadão.

LIBERDADE DE EXPRESSÃO COMO EXPRESSÃO DA LIBERDADE

Liberdade dos Antigos e Liberdade dos Modernos

A conseqüência imediata do contraste a respeito do significado e da essência da liberdade de expressão entre os antigos e os modernos é a constatação de que esta diferenciação não se distancia da célebre dicotomia conceitual estabelecida por BENJAMIN CONSTANT[5] entre *liberdades dos antigos* e as *liberdades dos modernos*. Estas, as liberdades dos modernos, de forte carga subjetiva, ligada ao indivíduo como ser titular de certos direitos fundamentais inalienáveis e indissociáveis de sua personalidade, da qual são expressões, e impondo limites negativos em face do poder do Estado; aquelas, do naipe relacional, visando a construção de um *ethos* argumentativo-deliberativo, propiciando a realização do processo coletivo de debate público e tomada de decisões com apoio em grandes discussões extensíveis a todos os cidadãos.

---
5. Cf. FONTANA, Biancamaria (ed.), *Benjamin Constant — Political Writings*, Parte II, passim.

Ou, conforme o douto ensinamento de PAULO FERREIRA DA CUNHA:

> "Para os clássicos, a liberdade era a cidadania participativa (por parte da minoria de cidadãos plenos, recorde-se), era a vinculação da vontade individual pelas leis gerais, era a construção da vontade comum pela activa participação nos negócios da Polis. Não era um qualquer direito negativo de resistência pessoal face ao poder, mas a consciência e a vivência de que esse poder era também fruto da intervenção de cada cidadão. Pelo contrário, para os modernos, tudo na idéia de liberdade releva da defensiva e da tentativa de preservação (e aqui e ali alargamento) da esfera privada, em que se têm direitos públicos (direitos subjectivos públicos por vezes) em função do interesse da esfera privada (...)"[6]

Assim é que a liberdade de expressão, para os modernos, possuía natureza conteudística, substancial, correspondente a uma das formas de exteriorização da personalidade humana, que ao indivíduo permite realizar, de forma plena, sua existência perante a sociedade.

Para os antigos, a liberdade de expressão continha uma natureza procedimental ou instrumental, vinculada ao processo político, sendo, pois, um requisito essencial e verdadeira condição de possibilidade da democracia, traduzindo a possibilidade de atingimento do *Bem-Um*, que se daria pela conquista da harmonia da vida em

---

6. *Teoria da Constituição-II — Direitos Humanos-Direitos Fundamentais*, p. 95.

sociedade tal qual a harmonia do *cosmos*, através do equacionamento das diferenças entre os cidadãos pelo consenso e pelo entendimento mútuo.

Tal distinção se apoiava na noção prevalente à época dos escritos de CONSTANT, pela qual se pensava a sociedade civil e a sociedade política como entes distintos e separados[7]. Não à toa, observa CANOTILHO[8], a Declaração dos Direitos de 1789 opunha os *homens* e os *cidadãos*. Contemporaneamente, as liberdades fundamentais articulam uma combinação dos direitos de participação política (liberdade dos antigos) com os direitos liberais de defesa do indivíduo contra intervenções injustificadas do poder estatal (liberdade dos modernos), compondo, destarte, um *catálogo de liberdades*[9].

A expressão do pensamento como virtude cívica

A contemplação do conhecimento como virtude única surge no período socrático, constituindo-se em verdadeiro divisor de águas na história da filosofia grega[10]. A passagem do período pré-socrático do pensamento filosófico ao socrático ou antropológico é marcada precipuamente pela mudança em seu conteúdo, que, deixando

---

7. CANOTILHO, J.J. Gomes, *Direito Constitucional e Teoria da Constituição*, p. 394.
8. Ibid, loc. cit.
9. Ibid., p. 229.
10. Para uma breve introdução ao estudo da filosofia e sua história, vejam-se, entre outros: CHAUÍ, Marilena. *Convite à Filosofia*; MARCONDES, Danilo, *Iniciação à História da Filosofia — Dos Pré-Socráticos a Wittgenstein*.

para um plano secundário a busca pela explicação racional e não-mítica dos fenômenos da *physis* e do *cosmos*, que havia caracterizado o pensamento pré-socrático, enceta investigações sobre as chamadas "questões humanas": a ética, a política e o direito. E, por isso mesmo, batizado de antropológico, pois voltado para perscrutações acerca da ação e do comportamento humanos no plano relacional, ou seja, dentro da *polis*, entidade viva e representativa do universo intersubjetivo entre seus membros, das tradições, das crenças, dos valores; em última análise, das questões humanas concernentes à política, à ética e à moral.

O crescimento vertiginoso das cidades gregas e, em particular, o enorme desenvolvimento artístico, intelectual, comercial e militar de Atenas trouxe para o centro das atenções dos pensadores o *modus vivendi* na *polis*. Com o afastamento da aristocracia, após a morte de Iságoras, abriu-se o campo para a implantação e o fortalecimento da democracia em Atenas, que se deu sobretudo a partir da reforma de Clístenes (508-507 a.c.)[11].

---

11. Aliás, é com a reforma de Clístenes que surge o termo *democracia* (*demokratia*). A península da Ática, onde se situava Atenas, foi dividida em três regiões político-geográficas, cada delas caracterizada pela ocupação por determinada classe social. Nas planícies, residiam os aristocratas, grandes proprietários de terra; na costa, os comerciantes e artesãos; e, no interior, os pequenos proprietários de terras. Cada uma dessas regiões foi subdividida em dez unidades denominadas *demos*, e que se re-agrupavam em *tribos*, compostas por uma *demo* de cada região. O governo ateniense era, pois, composto por membros das diversas tribos, tanto para as tarefas legislativas (Conselho dos 500 — *bulé* e a Assembléia — *Ecclesia*), quanto para o comando militar (generais — *estrategos*) e, ainda, o Poder Judiciário (*heliéia*), a cavalaria, etc.

Entre os princípios básicos das mudanças levadas a cabo por Clístenes, estava o direito de participação direta dos cidadãos[12] nas atividades públicas da cidade, mediante o comparecimento à Assembléia (*ágora*[13]) para a deliberação coletiva dos assuntos de interesse geral ou através de sorteio para a ocupação dos cargos públicos.

A participação do cidadão grego na assembléia ateniense não correspondia apenas ao exercício de um direito oponível a todos, que poderia ser invocado a qualquer tempo. Na verdade, a manifestação de pensamento de forma livre era até mesmo incentivada, como se depreende dos registros da abertura das assembléias pelo "pregão" propedêutico de um arauto, que convidava a todos os presentes para se manifestarem acerca de qualquer assunto que pudesse ser de interesse geral[14].

A democracia grega, como aponta MARILENA CHAUÍ[15], consolidou dois importantes aspectos para o desenvolvimento do pensamento político. *Primo*, assentou-se a igualdade entre os homens adultos para a participação direta na vida política da cidade e, *secundo*, passou-se a assegurar o direito dos cidadãos à expressão de suas idéias, ao debate público e à manifestação aberta de suas opiniões, de forma livre e igual (*isegoria*).

---

12. Conceito limitado a apenas pequena parte da população ateniense, cerca de dez por cento, excluindo demais integrantes da comunidade, que eram os estrangeiros, os escravos, as mulheres e as crianças.
13. Utiliza-se o acento gráfico, aqui, no termo em grego, apenas para fins de facilitação da leitura.
14. *Apud* STONE, I. F., op. cit., p. 221.
15. Op. cit., p. 36.

E, ainda segundo I. F. STONE — ao se dedicar ao estudo do julgamento de Sócrates — pode-se concluir que ninguém mais do que os gregos, em toda a história da humanidade, deu mais valor à liberdade de expressão[16]. Afirma, ainda, o celebrado autor que, na luta pela democracia, mais de duzentas palavras ingressaram no vernáculo grego, entre as quais, em referência à liberdade de expressão, o termo *isologia* e *isegoria*. O termo isologia teria sido utilizado para designar a igualdade política de que desfrutavam as cidades-membro da Liga Aquéia, mais antigo modelo de organização federativa de que se tem notícia, e que teria sobrevivido ao poderio romano graças exatamente a este *status* de igualdade em seu modelo de organização. Segundo o autor, ainda, os *framers* da Constituição Norte-Americana teriam se inspirado no modelo da Liga de Aquéia para a elaboração do arcabouço federativo dos Estados Unidos.

O termo isegoria teria sido empregado como sinônimo de liberdade de expressão equânime entre os cidadãos por Heródoto, atribuindo ao regime de participação de todos nas deliberações públicas a razão do sucesso nas campanhas militares de Atenas.

Com efeito, a maior virtude de todas (*areté*), para os atenienses, era a virtude cívica de participação ativa nas deliberações públicas na *ágora*. Não por menos, encontra-se a origem do termo "idiota" no adjetivo atribuído àqueles que se furtavam ao engajamento nas discussões e votações das Assembléias, que eram chamados de *idiotes*. E, pela mesma razão, o ideal pedagógico (*Paidéia*)

---

16. Op. cit., p. 218.

supremo passa a ser a formação dos bons oradores públicos, tarefa atribuída aos *sofistas*, primeiros filósofos do período socrático. Aos jovens atenienses, então, era ensinada a arte da persuasão, como elemento mais importante na sua formação educacional, contra o que, mais adiante, Sócrates se insurge, alegando que o trabalho desenvolvido amplamente pelos sofistas era orientado tão somente pela finalidade estratégica, isto é, ganhar em um processo argumentativo público, e não a busca da verdade ou o amor pela sabedoria, único propósito legítimo da filosofia e maior virtude (*areté*) cívica.

Mas, a palavra grega que mais bem traduzia o orgulho dos atenienses em relação à liberdade de expressão, consagrada de forma ampla e irrestrita, era *parrhesia* (*pas*todas + *rhesis*-fala). *Parrhesia* significava, a um só tempo, franqueza ou sinceridade, no plano pessoal, e liberdade de expressão, no plano político[17].

A importância do debate argumentativo no processo decisório era, como se vê, inequívoca para a democracia ateniense. E, da mesma forma, sua condição de possibilidade por excelência, que é a própria liberdade de expressão pública e irrestrita. O coração da democracia, assim, já na Antiguidade, compunha-se essencialmente do assentamento firme da liberdade das liberdades, isto é, do livre exercício da manifestação de pensamento no seio da comunidade. Em outras palavras, desde então, a expressão da liberdade do cidadão, conquanto restrito ainda este *status* a poucos, se traduz pelo próprio exercício da liberdade de expressão.

---

17. Ibid., p. 224.

A expressão do pensamento como liberdade fundamental do indivíduo

A desordem do mundo europeu e a decadência do absolutismo do Antigo Regime trouxeram, a reboque, as concepções contratualistas e jusnaturalistas, buscando fundamentos e proposições teóricas idôneas e necessárias para a organização estatal enquanto, ao mesmo tempo, se passavam a proteger determinados direitos cuja lesão reiterada ao longo da Idade Média não mais era suportável em face das revelações que acompanhavam as novas descobertas científicas e o desenvolvimento do pensamento racionalista-humanista.

Nasce, assim, a concepção política liberal, atrelada inexoravelmente ao individualismo e ao subjetivismo subjacentes, que o racionalismo cartesiano e o empirismo proporcionaram à teoria do conhecimento durante a Ilustração. E as concepções dos direitos naturais e das liberdades individuais do liberalismo político correspondem precisamente à valorização da ética individualista, alavancada pelo mercantilismo e à experiência subjetivista no campo da epistemologia[18].

Na Modernidade, a parturição dos direitos e das liberdades fundamentais ocorre *pari pasu* com a noção de que a natureza humana é o supedâneo da nova ordem político-social erigida. As novas concepções de fundamentação do poder político transferem de volta à sociedade, por força do pacto social (*pactum subjectionis*) formulado pela teoria contratualista, a titularidade do poder (*jus majestatis*), ainda que por cessão (*concessio*

---

18. MARCONDES, Danilo. op. cit., p. 196.

imperii) ou transmissão (*translatio imperii*)[19], restabelecendo, assim, o ideal democrático de regime político. Mas, a forte carga axiológica subjetivista da Modernidade impregnou as concepções acerca do regime democrático. Diferentemente da ética da alteridade aristotélica e da preocupação com a coletividade de Sócrates, a democracia moderna era centrada no sujeito.

Logo, os direitos de expressão, de participação política e de manifestação de pensamento, antes de uma virtude cívica, eram vistos como liberdades inerentes ao homem como indivíduo dotado de direitos inalienáveis e vinculados à sua própria existência. Vale dizer, a liberdade de expressão dos modernos é de índole subjetivista, enquanto a dos antigos era essencialmente relacional. Aqui, novamente, a liberdade de expressão se apresenta como a própria expressão da liberdade do homem; todavia, não porque fosse um cidadão-membro da *polis*, mas porque é um indivíduo dotado de direitos naturais ínsitos à existência humana.

ONTOLOGIA DA LIBERDADE DE EXPRESSÃO

Liberdade de expressão como direito individual e como fator de legitimação do sistema democrático

A concepção de liberdade de expressão hodiernamente, quanto à sua natureza, apresenta dúplice aspec-

---

19. BOBBIO, Norberto. *Direito e Estado no pensamento de Emanuel Kant*, p. 28.

to, que abarca, simultaneamente, uma dimensão valorativa moral e uma dimensão objetiva instrumental.

Quanto à categoria em que se encaixa, no rol dos direitos fundamentais, a liberdade de expressão se apresenta como derivada do *status activae civitatis*, dentro da quadrifurcada repartição proposta por JELLINEK e aproveitada por JORGE MIRANDA[20]:

(1) *status subjectionis:* o indivíduo, por se encontrar inserto em uma sociedade organizada na forma de um Estado, sujeita-se ao império deste, nos limites de sua própria constituição, sendo incompatível com a noção de Estado qualquer concepção de liberdade ilimitada do indivíduo;

(2) *status libertatis*: sendo a autoridade do Estado exercida no interesse dos indivíduos, deve abster-se o Estado de exercer seu *imperium* dentro da esfera privada de liberdade individual dos cidadãos; é o *status* negativo, sob o ponto de vista de ação estatal;

(3) *status civitatis:* a pretensão do cidadão em face do Estado, deste exigindo a prestação de certas tarefas em seu favor, servindo-se das instituições estatais; é o *status* positivo;

(4) *status activae civitatis:* em que a própria ação estatal se apresenta como corolário do exercício dos direitos decorrentes da cidadania do indivíduo, manifestada através dos direitos políticos de participação ativa na vida e na organização estatais.

Se é verdade que a liberdade de expressão se assenta, ainda na Modernidade, como direito de índole negativa

---

20. In *Manual de Direito Constitucional — Tomo IV — Direitos Fundamentais*, p. 88-89.

— isto é, como direito de proteção do indivíduo contra eventuais abusos de poder por parte do Estado, fundado na consideração de que o Estado existe senão para assegurar aos cidadãos seu bem-estar e o respeito à sua condição de homem *tout court* —, também é verdade que ela se aproxima, tanto mais, da categoria dos direitos políticos de participação ativa na vida política da comunidade, ingerindo no exercício do poder e, mesmo, conformando-o.

Há, ainda, outra consideração que merece ser feita acerca da liberdade de expressão, sob a ótica maior do direito à informação como necessidade imanente ao convívio democrático. Há uma exigência intrínseca ao processo democrático de formação de vontade e produção decisória que é o permanente intercâmbio de informações entre os membros da comunidade política, com o fito de permitir a constante reavaliação das diversas percepções e pontos de vista acerca dos assuntos postos em pauta na discussão política e, da mesma forma, contribuir para que as decisões afinal tomadas estejam revestidas do mínimo de fundamentação racional que se espera de decisões que irão afetar a vida de todos aqueles que, direta ou indiretamente, participam da comunidade. Neste contexto, o asseguramento da liberdade de expressão, sob a ótica reversa do direito à informação que se pode e que se pretende receber, tem natureza eminentemente difusa, posto que as informações veiculadas no espaço público atingem destinatários que não podem ser identificados individualmente ou, sequer, coletivamente, e os interesses que necessitam receber a tutela necessária para sua manutenção consubstanciam-se no próprio processo democrático em si, cuja titularidade é inequivocamente meta-individual.

Também vem a tempo verificar que a liberdade de expressão se apresenta como elemento essencial das concepções não-violentas de organização e exercício do poder. Ao contrário da perspectiva weberiana, em que o poder é compreendido como a possibilidade de impor a própria vontade ao comportamento alheio[21], na visão de HANNAH ARENDT, é a convivência pacífica entre os homens que pavimenta o campo dialógico necessário para a promoção do entendimento mútuo e geração do poder a partir da ação comum criada pela sinergia derivada desta compreensão mútua:

"O que primeiro solapa e depois destrói as comunidades políticas é a perda do poder e a impotência final; e o poder não pode ser armazenado e mantido em reserva para os casos de emergência, como os instrumentos da violência: só existe em sua efetivação. Se não é efetivado, perde-se; e a história está cheia de exemplos de que nem a maior das riquezas materiais pode sanar essa perda. O poder só é efetivado enquanto a palavra e o ato não se divorciam, quando as palavras não são vazias e os atos não são brutais, quando as palavras não são empregadas para velar intenções mas para revelar realidades, e os atos não são usados para violar e destruir, mas para criar relações e novas realidades. (...) Enquanto a força é a qualidade natural de um indivíduo isolado, o poder

---

21. BITTAR, Eduardo C. B. & ALMEIDA, Guilherme Assis de. *Curso de Filosofia do Direito*, p. 363 et seq.

passa a existir entre os homens quando eles agem juntos, e desaparece no instante em que eles se dispersam.²²

Por ser através do discurso que os homens podem chegar ao acordo quanto à realização da ação conjunta, da qual o poder deriva, sobressai a liberdade de expressão como condição de possibilidade para a efetivação do desiderato consubstanciado no interesse geral maior e que somente pode ser revelado pelo debate em um ambiente livre de coerção. Não por acaso, HANNAH ARENDT recorre ao modelo da *polis* grega, tomando-a como paradigma para a forma de organização política onde há espaço para os cidadãos exercitarem sua liberdade de discurso de forma ampla e virtuosa, dando-lhe sentido existencial e, portanto, garantindo a plena realização dos homens enquanto tal, a partir da troca de informações, experiências e reconhecimento mútuo.²³

A perspectiva harendtiana de convivência pacífica e geração do poder político a partir da ação coletiva não-violentamente ordenada vai ao encontro do pensamento dos crítico-deliberativos no sentido de que é pela via do debate público e da exposição das razões ao crivo do discurso aberto e livre de todos os membros de uma comunidade que se alcança a legitimação da ordem político-jurídica. E, a esse respeito, é de toda conveniência fazer-se alusão ao *sistema de direitos* a que alude HA-

---

22. *A Condição Humana*, p. 212.
23. Ibid. Sobre as relações entre poder, ação, discurso e reconhecimento mútuo entre os homens, consultem-se, nesta obra, os textos nº24 a nº34, do Cap. V — *"Ação"*.

BERMAS, como elementos mínimos indispensáveis para a institucionalização dos processos discursivos democráticos, tanto na seara política, quanto na órbita do Direito.

Aqui, cabe a interessante observação de BITTAR e ALMEIDA, que chamam a atenção para a curiosa dificuldade que têm os juristas de abordar o tema "política" com a mesma naturalidade com que o fazem ao tratar de temas diretamente ligados ao Direito, inobstante não se possa falar de direito sem se falar, antes, em política, sendo esta verdadeira fonte daquele. Citam como exemplo basilar desta problemática irrefutável a própria dificuldade em se falar de Estado democrático de Direito com a intensidade e a profundidade que um conceito tão rico quanto este requer[24], o que explica, em parte, a dificuldade de se formular, no campo da dogmática jurídica e da jurisdição constitucional, conceitos precisos acerca da dimensão política que o princípio da liberdade de expressão embute em seu seio.

As expressões "democrático" e "de direito" pressupõem, com efeito, a vinculação da forma de organização e, principalmente, de atuação do Estado ao princípio da legalidade, assim como, com maior relevância ainda, e verdadeiro fundamento deste, o princípio democrático, pelo qual o exercício do poder político é legitimado pela participação ativa da comunidade, à qual o poder se dirige, no processo de produção normativa e de tomada de decisões ou estabelecimento de diretrizes fundamentais. É, pois, através do debate irrestrito entre pessoas dispostas em igual situação política que se consubstancia

---

24. Op. cit., p. 497.

a força do poder democrático legítimo. A soberania popular, fundamento da democracia moderna, requer, como condição concomitante à sua realização, a fundação de garantias à participação política dos cidadãos na vida ativa da comunidade, por meio da criação e sedimentação de instituições democráticas fortes e que irão moldar o próprio arcabouço formal e material do Estado.

Em uma sociedade complexa, como as atuais, a conciliação dos diversos interesses existente dentro de sua enorme diversidade étnica, religiosa, moral, social e econômica representa a própria essência da democracia. As regras do jogo democrático têm relevância fulcral para o asseguramento dos objetivos colimados pelo Estado, para a pacificação interna das sociedades, para o desenvolvimento do bem-estar das populações e mesmo, no plano internacional, para a possibilidade de convivência pacífica entre os povos[25]. Neste contexto, mais uma vez,

---

[25]. A este respeito, veja-se a obra *The Law of Peoples*, de RAWLS, John, em que o renomado autor e defensor do liberalismo político propõe a extensão da noção fundante de contrato social, a partir dos seus conhecidos conceitos do véu da ignorância e da posição original, para a sociedade internacional, permitindo um relacionamento democrático pelo estabelecimento de regras políticas *a priori* de discussão e exposição da razão pública, contemporaneamente à proteção dos direitos humanos fundamentais e da pluralidade de preferências morais e identidades regionais e culturais específicas dos povos. Afirma o autor: "*É importante compreender que o Direito dos Povos é desenvolvido dentro do liberalismo. Esse ponto inicial significa que o Direito dos Povos é uma extensão de uma concepção liberal de justiça para um regime* doméstico *a uma* Sociedade dos Povos. *Desenvolvendo o Direito dos Povos dentro de uma concepção liberal de justiça, trabalhamos os ideais e princípios da política externa de um povo*

não se pode deixar de atribuir importância suprema à proteção da liberdade de expressão em qualquer sistema político que pretenda, compreensivamente, permitir a convivência da pluralidade de interesses e opções morais com a necessidade de tomada de decisões políticas peremptórias para reger a vida da sociedade. Além disso, a

---

liberal razoavelmente justo. Eu distingo entre a razão pública de povos liberais e a razão pública da Sociedade dos Povos. A primeira é a razão pública de cidadãos iguais de uma sociedade doméstica debatendo os temas e essências constitucionais da justiça básica concernentes ao seu próprio governo; a segunda é a razão pública de povos liberais livres e iguais debatendo suas relações mútuas enquanto povos. O Direito dos Povos com seus conceitos e princípios políticos, ideais e critérios, é o conteúdo dessa última razão pública. Apesar de essas duas razões públicas não terem o mesmo conteúdo, o papel da razão pública entre povos livres e iguais é análogo ao seu papel em um regime democrático constitucional entre cidadãos livres e iguais". Trad. livre. No original: *"it is important to understand that the Law of Peoples is developed within political liberalism. This beggining point means that the Law of Peoples is an extension of a liberal conception of justice for a* domestic *regime to a* Society of Peoples. *Developing the Law of Peoples within a liberal conception of justice, we work out the ideals and principles of the foreign policy of a reasonably just liberal people. I distinguish between the public reason of liberal peoples and the public reason of the Society of Peoples. The first is the public reason of equal citizens of domestic society debating the constitutional essentials and matters of basic justice concerning their own government; the second is the public reason of free and equal liberal peoples debating their mutual relations as peoples. The Law of Peoples with its political concepts and principles, ideals and criteria, is the content of this latter public reason. Although these two public reasons do not have the same content, the role of public reason among free and equal peoples is analogous to its role in a constitutional democratic regime among free and equal citizens".* (p. 55).

própria essência da soberania popular, que se assenta na possibilidade de participação política ativa da população durante o processo deliberativo, não prescinde da necessidade de se poderem expor as razões e motivações de cada segmento, direta ou indiretamente representado, reciprocamente entre os membros da comunidade e buscar o entendimento ou a compreensão mútuos ou, no mínimo, a concordância *a priori* acerca das regras democráticas procedimentais de formação da vontade e tomada de decisão, independentemente do conteúdo final desta.

Por outro lado, também é importante apontar que se o exercício da autoridade pública deriva do conceito de soberania popular, então é fundamental que se considere a real dimensão deste conceito, como tradutor do "poder comunicacional"[26], criado e estabelecido em decorrência do procedimento discursivamente estruturado de exposição de opiniões e conseqüente formação da vontade coletiva, de tal sorte que este poder se torna tão mais eficaz na medida em que os membros da comunidade se sentem partícipes deste processo. O procedimento discursivo de formação da vontade política deve se abrir a toda e qualquer questão pública relevante, cujo processamento dirigido à produção de um resultado normativo final se justifica em termos da racionalidade que se construiu a partir do intercâmbio de informações e argumentos[27]. E não se há falar em troca de informações sem

---

26. HABERMAS, Jurgen, *Between Facts and Norms. Contributions to a Discourse Theory of Law and Democracy*, p. 170.
27. Ibid., loc. cit.

plenitude de liberdade de expressão. Eis porque se afirma que "*a liberdade de informação é pressuposto da publicidade democrática*"[28].

KONRAD HESSE[29] descreve, com preclara precisão, esta dúplice natureza constitutiva da liberdade de expressão:

"(...) elas são, por um lado, direitos subjetivos e, precisamente, tanto no sentido de direitos de defesa, como no de direitos de cooperação política; por outro, elas são prescrições de competência negativa e elementos constitutivos da ordem objetiva democrática e estatal-jurídica. Sem a liberdade de manifestação da opinião e liberdade de informação, sem a liberdade dos 'meios de comunicação de massa' modernos, imprensa, rádio e filme, opinião pública não pode nascer, o desenvolvimento de iniciativas e alternativas pluralistas, assim como 'formação preliminar da vontade política' não são possíveis, publicidade da vida política não pode haver, a oportunidade igual das minorias não está assegurada com eficácia e vida política em um processo livre e aberto não se pode desenvolver. Liberdade de opinião é, por causa disso, para a ordem democrática da Lei Fundamental 'simplesmente constitutiva'.

---

28. HESSE, Konrad, *Elementos de Direito Constitucional da República Federal da Alemanha (Grundzüge des Verfassungsrechts der Bundesrepublik Deutschland)*, p. 305.
29. Ibid., p. 302-303.

Em outras palavras, a legitimação do poder político em um ambiente democrático requer a sedimentação eficaz das instituições geradoras e garantidoras do livre debate entre membros da comunidade, dispostos em igualdade de condições materiais e formais para o exercício do debate público, e, sob este prisma analítico, sobressalta a importância da liberdade de expressão, como ponto de partida de toda esta construção institucional sobre a qual se apóia o regime democrático. Eis porque a liberdade de expressão, além de direito fundamental inerente à pessoa humana, é também, devido à importância de seu aspecto procedimental, elemento essencial para a consolidação do Estado Democrático de Direito e, a partir deste, para a tomada de decisões racionais, para a legitimação do exercício do poder estabelecido e, com maior importância, para a proteção dos direitos do homem.

Liberdade de expressão e proteção das minorias

No plano do processo legislativo — entendido este, não apenas como o procedimento ínsito às casas parlamentares e instituições formais de produção normativa, mas em uma concepção ampla que traduz toda e qualquer produção normativa vinculadora dos membros da comunidade nas mais diversas arenas informais —, é através do livre exercício do direito de expressão que se abre o campo para a manifestação, pelas minorias, de seus interesses e pontos de vista morais acerca da vida digna.

Se se levar em conta que o processo do debate argumentativo é o elemento, por excelência, do sistema democrático político, pode-se, a partir daí, afirmar que a única forma efetiva de proteção dos direitos das minorias se dá mediante o livre exercício da expressão por estes segmentos. Nas propostas delineadas pelos chamados crítico-deliberativos, que, como anteriormente afirmado, se alinham com o pensamento habermasiano de intermediação entre os liberais e os republicanos, a construção do sistema de direitos na sociedade e sua proteção se dão por meio de sua justificação racional em termos de procedimentos que não levam em consideração os resultados obtidos após o processo deliberativo e, mesmo, que estes podem ser, a qualquer tempo, submetidos ao crivo do reexame pelos membros da comunidade.

Como aponta SEYLA BENHABIB[30], a própria regra da maioria se apóia, não no fenômeno numérico absolutamente compreendido, mas em sua dimensão relativa, como produto do entendimento da maior parte das pessoas que participaram do processo discursivo que uma decisão X é melhor que uma outra Y, até o momento em que se produzam novas e convincentes razões pela minoria derrotada, invertendo-se o posicionamento anterior e adotando-se novo entendimento sobre determinado assunto. A prova cabal de sustentação desta afirmação é, por exemplo, em nosso País, a verificação empírica da evolução e ascensão dos partidos políticos, outrora minoritários, ao poder. Em especial, pode-se citar a recente e histórica chegada do Partido dos Trabalhadores ao po-

---

30. Cf. *Toward a Deliberative Model of Democratic Legitimacy*. In: BENHABIB, Sheyla (org,). *Democracy and Difference — Contesting the Boundaries of the Political*, p. 67 et seq.

der, pela eleição de Luiz Inácio Lula da Silva para o mais elevado cargo do Poder Executivo Federal. Da mesma forma, no âmbito do processo discursivo judicial, a interposição de embargos infringentes, onde se contesta uma decisão majoritária em um colegiado de juízes com base no voto vencido, minoritário. Ou, ainda, a própria modificação de entendimentos jurisprudenciais das cortes mais elevadas, suscitada a partir da apresentação de novos argumentos trazidos à lume pelo exercício dialógico do processo judicial.

Assim foi também que se deu a evolução histórica dos movimentos de proteção aos direitos fundamentais das minorias, apelidado, nos E.U.A., de *civil rights movement*, destacando-se o importante papel da jurisdição da Suprema Corte americana, que se adequou a imperativos axiológicos insuperáveis em um procedimento discursivo igual, livre e racional, onde não mais se sustentavam, à luz dos acontecimentos históricos mais recentes e dos aprendizados deles derivados, posicionamentos discriminatórios odiosos, como se verá mais adiante.

O *mercado de idéias, o clear and present danger* e a inadequação da censura prévia em face da supremacia do interesse público de acesso à informação

É inexorável a conexão existente entre a liberdade de expressão, de imprensa e de associação e o exercício da autonomia pública em um regime democrático de governo. Durante a maior parte do período obscuro da Idade Média, eram de fato antitéticos a noção de liberdade de expressão, em sua dimensão política, e o sistema absolutista. Já em 1275, na Inglaterra, se registrava a proibição de qualquer declaração injuriosa ou falsa sobre o Rei (restando, é claro, ao livre arbítrio do julgador a definição do que fosse falso ou verdadeiro, em uma época na qual eram incipientes e tíbias as noções de ampla defesa e contraditório ligadas ao processo legal devido), pelo ato normativo *De Scandalis Magnatum*, que impunha penas severas para este tipo de conduta, considerada como delito grave.

Ainda durante os séculos XVI e XVII, a famosa Corte *Star Chamber*, de Westminster, presidida pelo Rei, era implacável nos julgamentos dos casos desta natureza, como no famoso episódio do julgamento de William Prynn, que havia publicado um livro no qual fazia pouco caso de peças teatrais e atores. A Rainha, que recém havia participado de uma peça, sentiu-se ofendida. Prynn foi julgado e condenado à prisão perpétua, a dez mil libras de multa, marcado na testa e ainda teve parte de seu nariz e orelhas amputados[31].

Os *framers* da Constituição Americana e da *Bill of Rights* não esqueceram das atrocidades praticadas pela *Star Chamber* mesmo 150 anos após sua dissolução. Além disso, forte foi o espírito presente na Convenção de 1787 e nos anos seguintes, de que era necessário assegurar, na medida do interesse da democracia e do Estado, a liberdade de expressão, pois fora através dela, em grande escala, isto é, com ampla utilização de impressões de textos gráficos, que se alavancara o processo de independência das colônias. Deveras, a totalidade da propaganda "subversiva" dos homens de Washington foi impressa, constituindo referências históricas os textos de John Dickinson, James Otis, Samuel Adams, dos *fi-*

---

31. O'BRIEN, David, *Constitutional Law and Politics*, p.371.

lhos da liberdade (sons of liberty)[32], e mesmo de Jefferson, nas passagens que antecederam a realização da Convenção.

A jurisprudência norte-americana enriqueceu sobremodo, ao longo dos mais de duzentos anos da existência de sua *Bill of Rights*, a discussão acerca do alcance e da dimensão do direito de expressão, consagrado logo em sua primeira emenda, juntamente com a *establishment clause* (separação entre Igreja e Estado) e os direitos fundamentais de liberdade de imprensa, liberdade de reunião e de petição ao Estado.

Durante o período da Ilustração e o conseqüente assentamento dos direitos individuais fundamentais (*status libertatis*) o direito de expressão livre nasce, no *common law*, como uma garantia do cidadão em face do Estado, contra qualquer restrição *ex ante* feita por este em relação a alguma declaração, escrita ou oral, que se pudesse pretender fazer. A proteção à liberdade de expressão, embora vista como uma garantia de índole individual, visava assegurar, acima de tudo, a liberdade política de produção literária, devendo o Estado abster-se de qualquer controle prévio a respeito do conteúdo das obras ou panfletos impressos, podendo, todavia, proceder à persecução criminal ou busca de reparação cível por publicações com substância ofensiva ou perigosa para os interesses do Estado.

---

32. Movimento oposicionista, liderado por Samuel Adams, jornalista de Massachusetts, que fomentou e espraiou a propaganda panfletária contra o domínio das colônias pela metrópole, inflamando o espírito revolucionário dos colonos no período que antecedeu a Independência; em especial, a partir de 1770, após o grave incidente que ficou conhecido como o Massacre de Boston.

Mesmo JOHN MILTON, fervoroso defensor da garantia da liberdade de expressão perante qualquer ato estatal preventivo tendente a obstruí-la, em seu célebre texto *Areopagitica*, acolhe a tese de controle *a posteriori* do conteúdo de publicações e declarações, chegando a dizer que ofensas em relação à imagem da Igreja poderiam ensejar pena de morte[33].

Os federalistas também acompanharam este entendimento, à exceção de MADISON, que defendia a inconstitucionalidade do *Sedition Act*[34], em face da Primeira Emenda e também asseverava a enorme relevância da liberdade de expressão para proteger o poder que a sociedade tem de governar a si própria:

"Entre aqueles princípios considerados sagrados na América, entre aqueles sagrados direitos considerados formadores do bastião da liberdade, que o goveno reverencia com terrível reverência e ao qual se dirige com a mais cautelosa circunspecção, não há outro cuja importância seja mais profundamente imprimida na consciência pública do que a liberdade de imprensa. Que essa liberdade seja freqüentemente levada ao excesso; que às vezes tenha sido degenerada à licenciosidade, é cediço e lamentável, mas o remédio não foi ainda descoberto. Talvez, seja um mal inseparável do bem com o qual se alia; talvez seja um broto

---

33. Cf. DWORKIN, Ronald. *Freedoms Law — The Moral Reading of the American Constitution*, p. 197.
34. O *Sedition Act* incriminava toda e qualquer publicação que viesse a produzir matérias "falsas, escandalosas ou maliciosas" contra membros do Congresso ou o Presidente.

que não possa ser extirpado do caule sem ferir vitalmente a planta da qual é arrancada. Por mais desejável que essas medidas possam ser, que possam corrigir sem escravizar a imprensa, elas ainda não foram inventadas na América".[35]

Os antifederalistas, como Jefferson, com sua histórica inclinação para a proteção dos direitos fundamentais[36], sempre defenderam uma interpretação de maior amplitude para a liberdade de expressão que, contudo, somente passou a permear a jurisprudência e a doutrina norte-americanas a partir da Primeira Guerra Mundial. Em particular, um texto de autoria do professor ZECHARIAH CHAFEE JR., da Universidade de Harvard — *Free Speech in the United States* (1941) — muito

---

35. Apud OBRIEN, David, op. cit., p. 375. Trad. Livre. No original: *"Among those principles deemed sacred in America, among those sacred rights considered as forming the bulwark of liberty, which the Government contemplates with awful reverence and would approach only with the most cautious circumspection, there is no one of which the importance is more deeply impressed on the public mind than the liberty of the press. That this liberty is often carried to excess; that it has sometimes degenerated into licentiousness, is seen and lamented, but the remedy has not yet been discovered. Perhaps, it is an evil inseparable from the good with which it is allied; perhaps it is a shoot which cannot be stripped from the stalk without wounding vitally the plant from which it is torn. However desirable those measures might be which might correct without enslaving the press, they have never yet been devised in America".*

36. Embora por motivos subliminares outros, consistentes na rejeição ao modelo constitucionalmente proposto, que outorgava ao poder central *federal* prerrogativas que, acreditavam os Anti-Federalistas, iriam esvaziar o poder dos Estados.

contribuiu para a mudança da corrente de pensamento até então dominante, sustentando que os *framers* desejaram, desde o início da vigência da ordem constitucional americana, abolir qualquer tipo de regulação política da liberdade de expressão[37] e que o *Sedition Act* de 1798 teria sido um fato estranho a esta evolução expansiva. Mais tarde, já em uma linha consentânea à defesa de maior amplitude política da esfera compreensiva da liberdade fundamental de expressão, em famoso voto no julgamento do caso *Schenck v. U.S* (1919)[38], o Juiz OLIVER WENDELL HOLMES, que durante muitos anos acolheu a tese de impossibilidade apenas do controle prévio da expressão, mudando sensivelmente seu entendimento anterior, desenvolveu — ainda que de forma tíbia, pois reformulou seu entendimento logo após, retornando ao antigo critério da *bad tendency*[39], oriundo da *common law* — um critério que viria a se tornar um dos mais importantes paradigmas conhecidos pela jurisdição constitucional norte-americana: o *clear and present danger*. Pela referência ao "perigo claro e iminente", deve-se considerar, no campo da aferição da tutela à liberdade de expressão, que todo ato depende das circunstâncias na qual é praticado e, sendo a manifestação

---

37. Cf. LIEBERMAN, Jethro K., *A Practical Companion to the Constitution*, p. 205.
38. Na ocasião, a Suprema Corte, por unanimidade, manteve a condenação de vários homens que panfletavam material contrário ao alistamento militar para a 1ª Guerra.
39. Critério pelo qual se aprecia se o conteúdo das manifestações contém, ou não, elementos naturalmente tendentes a gerar conseqüências proibidas ou indesejadas.

de opinião dos acusados[40] diretamente ameaçadora do bem geral da coletividade, ficam excluídos do manto protetor da liberdade fundamental consagrada na 1ª Emenda da *Bill of Rights*.

Mais tarde, no caso *Abrams v. U.S.* (1919), HOLMES voltou a defender a referência ao *clear and present danger* e, mais uma vez, veio a criar outra relevante figura famosa figura de referência jurisprudencial, consignando que *"o melhor teste da verdade é a capacidade do pensamento ver-se aceito na competição do mercado"*[41], metáfora que passou a ser conhecida pela expressão *mercado de idéias* (*marketplace of ideas*).

Outro eloqüente registro digno de nota nesta época ocorreu em *Gitlow vs. New York* (1925), onde, em célebre voto, ao tratar da condenação em instâncias inferiores de Benjamin Gitlow, descendente de uma família de judeus-eslavos e eleito para a Casa Legislativa Estadual como membro da facção mais esquerdista do Partido Socialista — mais tarde "Partido Comunista Americano" —, HOLMES destacou que *"se, no longo prazo, as crenças manifestadas na ditadura do proletariado estão destinadas a ser aceitas pelas forças dominantes da comunidade, o único sentido da liberdade de expressão é de que elas devem ter sua vez e seguir seu caminho"*[42].

---

40. Em referência ao delito previsto pelo *Espionnage Act* de 1917.
41. LIEBERMAN, Jethro K, op. cit., p. 299. Trad. Livre. No original: *"the best test of truth is the power of the thought to get itself accepted in the competition of the market"*.
42. Cf. BRUBAKER, Stanley. *Original Intent and Freedom of Speech and Press*. In: HICKOK JR., Eugene. *The Bill of Rights. Original Meaning and Current Understanding*, p. 53. Trad. livre. No original:

Mais significante, ainda, no sentido de assentar a dimensão política e a importância da liberdade de expressão para a concepção democrática de regime político, foi o voto do Juiz LOUIS BRANDEIS — que já havia acompanhado HOMES nos precedentes anteriormente citados — no caso *Whitney v. Califórnia* (1927), onde declarou que *"Sem liberdade de expressão e reunião, a discussão seria fútil (...) com eles, a discussão oferece proteção ordinariamente adequada contra a disseminação de doutrinas nocivas"*. Na ocasião, ao reportar-se à ausência de "perigo iminente" em atos alegadamente subversivos, BRANDEIS também lançou mão da inspiração teórica criada por HOLMES.

Durante a era HUGHES da Suprema Corte americana, e sob o domínio da evolução e sedimentação dos direitos sociais, houve grande ampliação da esfera de incidência da proteção oferecida pela 1ª Emenda. Com efeito, a abrangência da interpretação dada à liberdade fundamental de expressão passou a limitar os atos do governo e a legislação ordinária, com o fito de se assegurar a proteção à livre panfletagem e também, no bojo do texto da 1ª Emenda, à realização de piquetes em manifestações grevistas. Em *Thornhill v. Alabama* (1940), a Suprema Corte chegou a declarar que a proteção da liberdade de expressão visa assegurar *"a liberdade de discutir pública e transparentemente todas as questões de*

"*If in the long run the beliefs expressed in proletarian dictatorship are destined to be accepted by the dominant forces of the community, the only meaning of free speech is that they should be given their chance and have their way*".

interesse público sem restrição prévia ou medo de punição subseqüente"[43].

Com a decisão do caso *Sullivan* e sobretudo pelo voto do Juiz BRENNAN, abriu-se novo espaço para a discussão, no campo da filosofia política e do direito, a respeito da justificação política desta que é, senão a mais importante, uma das principais liberdades fundamentais que garantem o preenchimento real do espaço público e, portanto, da interação dialógica.

Também é mister destacar a grande contribuição instrumental que a liberdade de expressão — constituindo, ao lado da liberdade de informação, as expressões sintéticas da liberdade de opinião — em seu sentido mais amplo, compreendendo suas derivações — liberdade de reunião, liberdade de imprensa e liberdade de produção artística —, oferece para o comportamento da máquina estatal, onde uma imprensa livre e a possibilidade de interação permanente entre os cidadãos, a partir das informações das quais dispõem e que podem trocar entre si, permite o exercício do controle permanente sobre a conduta dos agentes públicos e do Estado, criado senão para o atendimento dos interesses da comunidade política. Em especial, muito mais certa se torna a adstrição ao princípio da moralidade administrativa quando se sabe, de antemão, que as condutas e as práticas dos órgãos públicos e seus agentes está sob o incessante olhar dos cidadãos, verdadeiros titulares do poder que emprestam àqueles, a título de instrumento necessário para

---

43. OBRIEN, op. cit., p. 384. Trad. livre. No original: *"the liberty to discuss publicly and truthfully all matters of public concern without previous restraint or fear of subsequent punishment"*.

o cumprimento de finalidades preestabelecidas (competência ou, no dizer de CELSO A. BANDEIRA DE MELLO, dever-poder). Ademais, o livre convencimento dos eleitores quanto a seus candidatos, escolhidos a partir do fluxo irrestrito de informações durante o processo político de sufrágio, o acompanhamento da criação e do estabelecimento das diretrizes públicas e a adstrição à finalidade sob as equações dos princípios da razoabilidade e da proporcionalidade durante a execução dessas diretrizes são lados de um mesmo polígono chamado democracia. Eis porque a liberdade de expressão e o correlato direito à informação são verdadeiros supedâneos do Estado democrático.

A dimensão moral da liberdade de expressão

A indiscutível importância da liberdade de expressão como condição de possibilidade do exercício da soberania popular caminha lado a lado com a dimensão substancial moral que sua natureza dúplice apresenta.

Assim é que, na visão de DWORKIN[44], ao lado do aspecto procedimental da liberdade de expressão, há outro tipo de justificação para a proteção e sustentação da liberdade de expressão, sendo esta igualmente importante para a conformação e delimitação que os juristas irão estabelecer para a extensão e o alcance deste direito fundamental.

Trata-se de uma justificação de índole moral, que se subdivide em duas componentes. Em primeiro lugar,

---

44. Op. cit., p. 200.

trata-se de prestar o devido respeito à liberdade moral que indivíduos capazes devem ter para estabelecer suas preferências morais individuais sobre a vida boa, política ou religião. Na opinião de DWORKIN, constitui um ato de desrespeito do governo para com o cidadão sua subtração ao debate público em função do medo preventivo de que tal debate possa persuadi-lo a adotar convicções indesejáveis[45]. De fato, subtrair do conhecimento dos indivíduos determinadas informações com lastro na sua suposta incapacidade de processá-las adequadamente é insultar a própria fonte do poder político; ou seja, tratar-se-ia da materialização do caso onde a criatura se volta contra seu criador.

A outra componente refere-se ao direito que os cidadãos devem ter de expressar suas opiniões e preferências aos demais concidadãos, em razão de respeito mútuo, direcionado à busca pela revelação da verdade, do estabelecimento da justiça e da proteção do bem comum[46]. Ademais, a preocupação com os assuntos de interesse geral é não apenas um direito cívico, mas um dever ou virtude, cujas raízes remontam à Antiguidade Clássica.

Por último, DWORKIN frisa a natureza intercomplementar entre as dimensões procedimental e substantiva da liberdade de expressão, citando, *ab auctoritate*, JOHN STUART MILL e o já referido caso *Whitney v. Califórnia*, em que o Juiz BRANDEIS declarou: "*aqueles que obtiveram nossa independência acreditavam que o fim último do Estado era tornar os homens livres para

---

45. Ibid, loc. cit.
46. Ibid, loc. cit.

desenvolver suas aptidões" e que *"a livre expressão é valiosa tanto como fim quanto como meio"*.[47]

Um apontamento especialmente interessante na análise de DWORKIN é que a dimensão procedimental é ao mesmo tempo mais frágil e mais limitada do que sua justificação constitutiva ou substantiva[48]. Isto porque, ao se associar a liberdade de expressão ao interesse público, haverá casos em que a extensão atribuída à liberdade de expressão sofrerá mais limitações do que ampliação. Tais seriam os casos das informações classificadas que envolvem alto grau de confidencialidade estratégica do Estado e também as situações dos processos que correm em segredo de justiça, como nas órbitas criminal e de família no sistema jurídico brasileiro[49]. Por outro lado, a maior

---

47. Ibid., p. 201. Trad. livre. No original: *"those who won our independence believed that the final endo of the state was to make men free to develop their faculties"* e *"free speech is valuable both as an end and as a means"*.

48. Ibid, loc. cit.

49. Aliás, foi sob o manto da supremacia do interesse público, em face do tratamento especial de condução sob segredo de justiça das investigações acerca da grilagem de terras no D. F., que envolviam o candidato à Governador da Capital Federal, Joaquim Roriz, que a Justiça Eleitoral determinou a censura à divulgação de fitas com gravações alegadamente comprometedoras do referido candidato pelo jornal O Correio Braziliense, na última semana que precedeu as eleições em segundo turno de 2002. Conquanto não se tratasse de censura prévia, como amplamente divulgado, mas, sim, de ordem exarada para garantir a eficácia do cumprimento de decisão judicial anterior, que sofria iminente ameaça de descumprimento, caberia, sem dúvida, no caso, uma reflexão mais profunda sobre qual o interesse público verdadeiramente de maior relevância. Em particular, é imperioso verificar que o alcance da proteção constitucional de

limitação da livre expressão ocorre em razão das matérias às quais se pode relacionar tal liberdade fundamental. Se vista sob o aspecto procedimental, o direito de expressão alcança tão somente os discursos políticos. Todavia, na perspectiva moral, a liberdade de expressão é estendida, e conseqüentemente conformada, a cada um dos diversos aspectos culturais da vida humana em sociedade[50].

Breve nota sobre a liberdade de expressão e as manifestações extremistas incitadoras do ódio — o caso Friedman vs. Degrele

Ora, se a liberdade de expressão, além da dimensão instrumental política, também possui uma dimensão moral, inerente ao reconhecimento das faculdades humanas ínsitas à sua existência, como se conceber a liberdade de expressão consistente em declarações impregnadas de ódio ou voltadas para a incitação à violação dos direitos humanos mais comezinhos?

Tanto a perspectiva habermasiana crítico-deliberativa, quanto a liberal rawlsiana, apenas para citar dois entre os mais célebres pensadores da filosofia política da

---

liberdade de imprensa é merecedora de tratamento especial na construção hermenêutica realizada, pois, indubitavelmente nenhum outro meio de comunicação é tão universal quanto a imprensa, escrita ou radiodifundida, o que implica em sua peculiar relevância para o processo de formação de opinião da comunidade política. Mas esta análise, certamente, fugiria aos estreitos limites deste diminuto trabalho.
50. DWORKIN, Ronald, op. cit., p. 201.

atualidade, não desdenham o passado cultural e as histórias que as nações e a sociedade internacional construíram. Os sistemas constitucionais atuais e, até mesmo, o sistema jurídico internacional, não nasceram de um nada, ou de um *bang* miraculoso ou divino. São sistemas construídos e reconstruídos a partir das experiências culturais de cada comunidade e que não podem, sob pena de absoluto descolamento da razoabilidade e da realidade, ser olvidadas.

Há certos valores fundamentais que são compartilhados por quase toda a comunidade mundial. Já se afirma que não se discute mais o princípio fundamental político da democracia, mas tão somente suas vertentes, possíveis variações, modelos institucionais ou justificações. Neste sentido, é unânime o clamor pelo respeito e ampliação cada vez maior da proteção aos direitos humanos fundamentais, sendo certo, ainda que discutíveis alguns em face da multiculturalidade existente mundo afora, que o referencial da dignidade da pessoa humana logra de posição suprema no catálogo dos valores cardeais da coexistência coletiva pacífica.

Poder-se-ia chamar, assim, de clausula pétrea o valor da dignidade da pessoa humana, no que atina uma justificação para o estabelecimento de limitação às manifestações de opinião fundadas exclusivamente em critérios discriminatórios, em razão de religião, sexo, *status* social, etnia ou raça.

Sobre esta questão, MANUEL ATIENZA, em obra destinada ao tema da argumentação jurídica[51], como

---

51. *Tras La Justicia – Una introducción al Derecho y al razonamiento jurídico*, p. 37-61.

campo idôneo à construção do ideal de justiça por meio do Direito, traz à lume vários "casos difíceis", entre eles um relativo aos limites da liberdade de expressão, em que o Tribunal Constitucional espanhol acabou por reconhecer a existência de fronteiras, conquanto cinzentas e porosas, entre o direito de manifestação de pensamento e a proteção à dignidade e à honra humanas. O caso versa sobre o conflito entre princípios de elevada estatura dentro de um mesmo ordenamento jurídico, quais sejam, a liberdade de expressão de determinado cidadão e o direito à proteção da honra e da dignidade de outro indivíduo ou de um grupo de pessoas, ambos abrigados em sede constitucional. Tratando-se, ambos, de valores supremos para a ordem constitucional, a solução apresentada socorreu-se da ponderação entre os interesses envolvidos, valendo-se de técnicas argumentativas e de procedimentos conceituais jurídicos, para, ao fim, verificar a latitude da fronteira à luz do caso concreto e dos valores merecedores de tutela e preservação. No caso, entendeu o Tribunal Constitucional que, com efeito, a dignidade da pessoa humana é vetor que impõe limitações indubitáveis ao exercício do direito de expressão.

De um lado da disputa estava Violeta Friedman, descendente de uma família de origem judia, assassinada nos campos de extermínio de Auschwitz, e, de outro, Leon Degrelle que, em declaração dada a um periódico na Espanha (Revista *Tiempo*, de 4 de agosto de 1985), faz afirmações ignominiosas contra a comunidade judaica em geral, negando a ocorrência dos fatos notórios e assaz comprovados, praticados pelos nazistas contra a comunidade judaica, durante a 2ª Guerra. A demanda, provocada pela ofendida, Sra. Friedman, propugnava pela reparação pelos danos morais que ela e toda a comunidade judaica sofreram a partir das indigitadas declarações tornadas públicas pela revista espanhola.

Julgada improcedente em primeira e segunda instâncias, e ainda, em uma terceira instância, a Sra. Friedman ingressou com *recurso de amparo* perante o Tribunal Constitucional espanhol, alegando violação aos seus direitos fundamentais à honra e à tutela jurisdicional efetiva. Isso porque as instâncias prévias entenderam, por um lado, que a liberdade de expressão há de encontrar, com efeito, limites na honra alheia, mas que, todavia, a honra tem caráter eminentemente pessoal; logo, careceria a Sra. Friedman de legitimação para a propositura da ação, uma vez que nenhuma asserção direta contra sua família ou contra ela mesma fora proferida.

Degrelle havia se defendido com a exceção de ilegitimidade ativa da parte contrária, assim como com o suporte que a liberdade de expressão lhe oferecia, de manifestar livremente seu pensamento acerca de qualquer questão. À parte as questões processuais específicas do ordenamento jurídico espanhol, indiferentes à discussão em tela, a resposta do Tribunal Constitucional foi de dar provimento ao recurso de amparo interposto pela Sra. Friedman, reconhecendo o direito fundamental daquela à honra.

Em primeiro lugar, enfrentando a questão da legitimidade, entendeu a Corte que, no caso de ofensas desferidas contra uma coletividade, torna-se parte legítima qualquer integrante da mesma. Se se pudesse, ao contrário, refutar tal tese, as lesões à honra de natureza coletiva restariam indenes, dando azo às campanhas xenófobas, racistas ou extremistas *lato sensu*.

Penetrando mais a fundo na discussão acerca dos limites da liberdade de expressão, a Corte Constitucional assinalou que, consoante a própria jurisprudência firmada sobre o tema, haveria de se proceder a uma *ponderação de valores*[52]. Pelos critérios balisadores assentados, a liberdade de expressão teria um caráter dúplice de alcance, dividindo-se em liberdade de expressão *stricto sensu*, lastreadas em juízos de valor e opiniões pessoais e com limites bastante amplos, e a *liberdade de expressão*, derivada das manifestações acerca de fatos, circunscritas às fronteiras da verdade sobre os mesmos. Além disso, reconhece-se que o direito à honra tem maior peso quando protetor de pessoas físicas, ainda que

---

[52]. *"Juicio ponderativo a propósito de los dos derechos fundamentales"*, na expressão original do texto, em espanhol. Sobre o tema da "ponderação de valores", veja-se o original, didático e brilhante trabalho de Daniel Sarmento, *A Ponderação de Interesses na Constituição Federal*, Rio de Janeiro: Lumen Iuris, 2000, trazendo para a doutrina pátria uma das mais profícuas e relevantes discussões do pensamento jusfilosófico da atualidade. À guisa de ilustração sobre esta importantíssima discussão no plano do direito constitucional e da proteção dos valores albergados pelas cartas políticas, e da coexistência necessariamente harmônica entre interesses e princípios de jaez diversos, afirma o preclaro autor: *"Assim, em primeiro lugar, o intérprete terá de comparar o peso genérico que a ordem constitucional confere, em tese, a cada um dos interesses envolvidos. Para este mister, ele deve adotar como norte a taboa de valores subjacente à Constituição (...) Na verdade, o peso genérico é apenas indiciário do peso específico que cada princípio vai assumir na resolução do caso concreto. Este só pode ser aquilatado em face do problema a ser solucionado. Ele dependerá da intensidade com que estiverem afetados, no caso, os interesses tutelados por cada um dos princípios em confronto."* (p. 103-104).

possa ser concebido em relação a pessoas jurídicas ou a coletividades de pessoas. Em respeito ao primeiro critério, as declarações de Degrelle fundavam-se em avaliações pessoais sobre os quais não deveria incidir o requisito da verdade; concomitantemente, pelo segundo critério, referidos a uma coletividade de pessoas, teria seu peso, sob a ótica do dano sofrido, mitigado.

Todavia, o Tribunal sinalizava com uma espécie de terceiro critério, desprezando os anteriores, que veio a se constituir, pois, na verdadeira *ratio decidendi* da sentença (acórdão). O Tribunal considerou que as afirmações ofensivas contra o povo judeu em geral teriam conotação racista e seriam fomentadoras das incitações anti-semitas, não se tratando de um mero juízo de opinião sobre fatos históricos. No texto da decisão, a Corte Constitucional espanhola destacou que a liberdade ideológica, assim como a *liberdade de expressão*, não transpõe os limites da xenofobia ou do racismo, e o princípio cardeal de proteção à *dignidade da pessoa humana* requer o afastamento de qualquer ato discriminatório apoiado em critérios de raça, sexo, opinião, crença ou idade. O direito de se expressar não se confunde com o ânimo manifesto de menosprezar pessoas ou grupos por razões ou circunstâncias pessoais, étnicas ou sociais.

Não obstante ATIENZA discorde da decisão, ingressando no complexo campo das relações entre direito e moral, o caso é emblemático por sua enorme dificuldade e por caminhar sobre a tênue faixa que limita, reciprocamente, a amplitude da liberdade de expressão e a proteção da dignidade da pessoa humana.

CONCLUSÃO

As proteções constitucionais aos direitos fundamentais que orbitam ao redor da liberdade de opinião — liberdade de expressão, direito de livre consciência religiosa e política, imprensa livre, liberdade de reunião e associação, direito à informação — possuem elementos tanto jurídico-subjetivos quanto jurídico-objetivos, como visto. Nos casos tais que o direito à manifestação da opinião e o acesso à informação, sobressai com mais destaque o aspecto subjetivo da proteção constitucional oferecida; já nos casos da liberdade de radiodifusão, imprensa e produção artística, a dimensão político-objetiva se apresenta com inabalável firmeza.

O maior ou menor dimensionamento que os sistemas jurídicos oferecem à proteção da liberdade de expressão liga-se umbilicalmente à sua incidência no campo individual ou público, isto é, visto como direito decorrente da personalidade humana e inerente, portanto, ao indivíduo, ou como direito da própria comunidade, que tem sede de ampla divulgação de informações, de sorte que o processo político de formação de vontade e produção nomogenética possa se dar à luz dos melhores argumentos e das melhores razões que se tornem de conhecimento geral durante a construção discursiva.

A liberdade de expressão, assim, compreende um duplo aspecto e destarte deve ser concebida e ponderada em face de outros valores constitucionais de igual jaez, de acordo com o grau de profundidade e a seara de incidência sobre os quais se projetam seus efeitos. Assim é que o princípio fundamental da liberdade de expressão não pode ser visto como regra, de aplicação subsuntiva silogística. Antes, requer por sua textura porosa e plasticidade aplicativa, típica das normas de caráter principiológico, que se pondere sua relevância, tanto para os indivíduos envolvidos, como para a sociedade como um todo, e que se cotejem, durante o processo intelectual de definição de seus limites, estes valores com os demais que possam vir a ser enfrentados, tais quais a honra alheia, o direito à intimidade, o segredo de justiça e o dever de lealdade processual política ou judicial.

Como importante vetor do processo político democrático, a liberdade de expressão revela-se como um dos mais importantes e nobres princípios asseguradores do Estado Democrático de Direito e do exercício efetivo da soberania popular; ao mesmo tempo, também se apresenta, *a priori*, como condição *sine qua non* para a proteção de outros valores supremos na ordem sócio-jurídica, já que é o exercício pleno e amplo da troca de informações permanente entre os membros da comunidade que se logra, a um só tempo, condicionar o poder político estatal e verificar, em caráter constante, que seu exercício encontra-se em conformidade com a finalidade para a qual foi criado. Até porque, nunca é demais lembrar, o Estado é criado para o atendimento das necessidades dos membros da sociedade que lhe dá vida, constituindo-se, pois, em instrumento para o alcance do desiderato maior: a proteção da vida e da dignidade humanas.

BIBLIOGRAFIA

ARENDT, Hannah. *A Condição Humana*. 10ªed. Rio de Janeiro: Forense Universitária, 2001.

ATIENZA, Manuel. *Trás La Justicia Justicia – Una introducción al Derecho y al razonamiento jurídico.* Barcelona: Ariel, 1993.

BENHABIB, Sheyla. *Toward a Deliberative Model of Democratic Legitimacy.* In:__(org.). *Democracy and Difference — Contesting the Boundaries of the Political.* Princeton: Princeton University Press, 1996.

BITTAR, Eduardo C. B.; ALMEIDA, Guilherme Assis de. *Curso de Filosofia do Direito.* São Paulo: Atlas, 2001.

BOBBIO, Norberto. *Direito e Estado no pensamento de Emanuel Kant.* Trad. Alfredo Fait. 4ª ed. Brasília: UnB, 1997

BONAVIDES, Paulo. *Curso de Direito Constitucional.* 11ªed. São Paulo: Malheiros, 2001.

BRUBAKER, Stanley. *Original Intent and Freedom of Speech and Press.* In: HICKOK JR., Eugene W. (ed.). *The Bill of Rights; Original Meaning and Current Understanding.* Charlottesville: University of Virginia Press, 1990.

CANOTILHO, J.J. Gomes. *Direito Constitucional e Teoria da Constituição.* 6ª ed. Coimbra: Almedina, 2002.

CHAUÍ, Marilena. *Convite à Filosofia.* 9ªed. São Paulo: Ática, 1997.

COHEN, Joshua. *Procedure and substance in Deliberative Democracy.* In: BENHABIB, Seyla (org.). *Democracy and Difference — Contesting the Boundaries of the Political.* Princeton: Princeton University Press, 1996.

CUNHA, Paulo Ferreira da. *Teoria da Constituição — II — Direitos Humanos — Direitos Fundamentais.* Lisboa: Verbo, 2000.
DWORKIN, Ronald. *Freedoms Law — The Moral Reading of the American Constitution.* Cambridge: Harvard University Press, 1996.
FONTANA, Biancamaria (ed.). *Benjamin Constant — Political Writings.* Cambridge: Cambridge University Press, 1988.
HABERMAS, Jurgen. *Between Facts and Norms. Contributions to a Discourse Theory of Law and Democracy.* Trad. William Rehg. Massachusetts: MIT Press, 1998.
HESSE, Konrad, *Elementos de Direito Constitucional da República Federal da Alemanha (Grundzüge des Verfassungsrechts der Bundesrepublik Deutschland).* Trad. Luís Afonso Heck. Porto Alegre: Sergio Antonio Fabris, 1998.
LIEBERMAN, Jethro K.. *A Practical Companion to the Constitution.* Los Angeles: University of California Press, 1999.
MARCONDES, Danilo. *Iniciação à História da Filosofia — Dos Pré-Socráticos a Wittgenstein.* 5ª ed. Rio de Janeiro: Jorge Zahar, 2000.
MIRANDA, Jorge. *Manual de Direito Constitucional — Tomo IV — Direitos Fundamentais.* 3ª ed. Coimbra: Coimbra editora, 2000.
O'BRIEN, David. *Constitutional Law and Politics.* 4a. ed.. New York: W.W. Norton & Co., 1999.
RAWLS, John. *The Law of Peoples, with the idea of public reason revisited.* Cambridge: Harvard University Press, 1999.

RUBY, Christian. *Introdução à Filosofia Política*. Trad. Maria Leonor F. R. Loureiro. São Paulo: UNESP, 1997.

SARMENTO, Daniel. *A Ponderação de Interesses na Constituição Federal*. Rio de Janeiro: Lumen Iuris, 2000.

STONE, I. F. *O Julgamento de Sócrates*. Trad. Paulo Henriques Britto. São Paulo: Cia. das Letras, 1993.

Teoria Democrática dos Direitos Fundamentais

Manoel Messias Peixinho

INTRODUÇÃO

Este artigo tem como objetivo refletir sobre dois conceitos presentes na teoria constitucional contemporânea, que são os direitos fundamentais e a democracia. Porém, à guisa de introdução, dedicamos um capítulo propedêutico em que são sumariamente resenhados alguns temas indispensáveis à abordagem do tema principal cujos tópicos envolvem os conceitos de direitos fundamentais, interpretação constitucional e da norma de direito fundamental. São, ainda, descritas, brevemente, as teorias liberal, institucional, axiológica e social aplicadas à hermenêutica dos direitos fundamentais. Estas teorias foram concebidas por setores da doutrina alemã e se inspiram em concepções liberais. O Tribunal Constitucional Federal as utiliza de forma alternativa, como ponto de partida para a interpretação dos direitos fundamentais, objetivando a concretização dos direitos fundamentais.

Não há uma teoria completa e acabada. Cada uma delas encarna uma visão ideológica intimamente ligada à determinada concepção de Estado, porém não de forma isolada, mas guardando relação entre si e se identificando a partir de premissas básicas. A teoria do Estado Social, por exemplo, se aproxima da teoria institucionalista porque ambas buscam uma interpretação objetiva dos direitos fundamentais, refutando, por seu lado, uma concepção individualista e abstencionalista dos direitos fundamentais, defendida pela teoria liberal. A teoria dos valores também parte de uma idéia objetivada dos direitos, mas se aproxima, sem qualquer dúvida, das teorias ligadas ao jusnaturalismo, ainda que se queira denominar de jusnaturalismo crítico, como o faz Perez Luño. As teorias que buscam nos valores jurídicos a sua fundamentação podem ser divididas em duas grandes tendências. Em primeiro lugar, há aqueles autores que procuram nos valores intrajurídicos a legitimidade para uma interpretação dos direitos fundamentais. A Constituição seria o limite máximo do interprete, além da qual não se poderia ir, sob pena de "desconstruir" a vontade do Poder Constituinte. Outros, porém, são favoráveis a uma interpretação metajurídica, além dos limites estabelecidos no ordenamento jurídico. Os valores, nesta concepção, estariam sempre abertos a possibilidades hermenêuticas, de acordo com novos desafios de integração que se abram ao intérprete. Neste trabalho, dar-se-á principal ênfase à teoria democrática dos direitos fundamentais, visando a uma aproximação dos conceitos clássicos formulados pela teoria democrático-funcional com novos autores que reflitam a relação entre os direitos fundamentais e democracia a partir de visão ampla que não se limitem a reducionismos dogmáticos.

CAPÍTULO I — NOTAS PROPEDÊUTICAS

1.1. Direitos fundamentais: conceito e fundamento

Os direitos fundamentais[1] constituem-se em alicerces dos Estados de Direito. Preordenam-se a assegurar proteção na esfera de liberdade do particular diante da intervenção do poder público e, outrossim, pretendem implantar uma ordem de valores objetivando a preservação da dignidade da pessoal humana ao traduzir-se como principal sustentáculo de um Estado Democrático e vinculando hermenêutica e axiologicamente todo ordenamento jurídico.[2] Desta forma, os direitos fundamentais

---

1. Os termos direitos humanos e direitos fundamentais são utilizados muitas vezes como sinônimos. Parte da doutrina entende que o termo direitos fundamentais designa os direitos positivados no plano interno, enquanto que o termo direitos humanos seria utilizado para denominar os direitos naturais positivados nas declarações e convenções internacionais. Sobre a discussão em torno da polissemia conceitual desses termos ver, dentre, outros autores, Jorge Miranda, *Manual de Direito Constitucional*. Coimbra, Coimbra Editora, 1993, pp. 48-107.

2. Luis Afonso Heck. "Os Direitos Fundamentais, o preceito da proporcionalidade e o Recurso Constitucional Alemão." *Revista da Faculdade de Direito da UFRGS*, v. 15, 1998.

assumem um *status* superior nas constituições modernas, que têm, por sua vez, nesses direitos, o referencial nuclear legitimador dos seus sistemas políticos.[3]. Essa supremacia dos direitos fundamentais, que passou a ser o centro em torno do qual gravitam as constituições e os sistemas políticos, somente foi conquistada com o advento das transformações sofridas por essa categoria de direito no decorrer da história. Os direitos fundamentais foram, contudo, assimilando, em decorrência das lutas das classes oprimidas, novas dimensões, mudando radicalmente o seu conteúdo porque as exigências históricas.[4] não mais permitiram que fundamental somente fosse considerado somente o direito individual burguês oponível contra o Estado, mas indiferente ao sofrimento do indivíduo alijado e excluído dos bens materiais e substanciais indispensáveis à existência. À transformação histórico-conceitual dos direitos fundamentais adveio a classificação doutrinária de gerações de direitos que não pode ser lida como uma teoria evolutiva, porque o vocábulo evolução tem o sentido de superação, o que seria inaplicável aos direitos fundamentais. Melhor compreender que as diversas gerações de direito se sucedem

---

3. Gregorio Perces Barba Martínez. *Curso de Derechos Fundamentales. Teoria Geral*. Universidad Carlos, III de Madrid, 1999 e E. Perez Luño. *Los Derechos Fundamenales*. Madrid, Tecnos, 1995.

4. Assiste razão a professora Ana Aba Caitora, quando afirma que a historicidade dos direitos fundamentais se manifestam tanto no seu nascimento quanto nas lutas constantes dos indivíduos contra o poder e contra o direito estabelecido. Cf. *La Limitación de los Derechos em la Jurisprudencia Del Tribunal Constitucional Español*. Tirant Monografias, Valencia, 1999.

como redefinição e expansão do núcleo desses direitos e não como um modelo evolucionista.[5]

1.2. A interpretação da norma constitucional

A norma constitucional se particulariza pela sua especificidade. A legislação no direito privado se dirige a situações concretas, cuja subsunção é apropriada a casos individualizados, sendo possível visualizar aquele que fixa a norma e o seu destinatário. A norma constitucional, por sua vez, assume características radicalmente diferentes porque a Constituição resulta de um pacto político e a textura aberta e indeterminada de suas normas é a característica essencial de sua constante mutabilidade e aplicabilidade contínua, exprimindo-se em valores que encarnam o projeto do Poder Constituinte. Neste raciocínio, é pertinente a observação de Carlos Santiago Nino para quem *"uma Constitución se hace para regir los destinos de um país durante um tiempo indefinido, afrontando contigecias y crisis futuras que no son fáciles de prever em el momento de su sanción"*. *Esto hace que su lenguage deba ser, por fuerza, lo suficientemente vago y general para permitir esa adaptación."*[6] Ora, é justamen-

---

5. Paulo Bonavides bem observou, a propósito da utilização da palavra geração, aplicado aos direitos fundamentais, que o termo "dimensão" substitui com vantagem lógica e qualitativa, o termo geração, caso este último venha a induzir apenas sucessão cronológica e, portanto, suposta caducidade dos direitos das gerações antecedentes, o que não é verdade." Cf. *Curso de Direito Constitucional*, 8ª ed., Malheiros, 1999, p. 525.
6. Carlos Santiago Nino. *Fundamentos de derecho constitucional*. Buenos Aires, Astrea, 1992.

te em razão da especificidade da norma constitucional que resulta inaplicável a metodologia[7] tradicional de interpretação do direito privado à interpretação das Constituição, conforme já destacamos em trabalho anterior.[8]"

1.3. Interpretação da norma de direito fundamental

Antes de abordarmos as teorias aplicáveis às normas de direito fundamental, é imperativo especificar o sentido e a extensão dessas normas. Seria fácil afirmar que a norma consagradora de direitos fundamentais são aquelas que se encontram expressamente previstas numa Constituição, num capítulo próprio, como ocorre no artigo 5º da Constituição Brasileira de 1988, que dispõe sobre os direitos e deveres individuais e coletivos. Porém, além dos direitos fundamentais previstos expressamente neste artigo e nos artigos 6º a 17, existem outras normas fundamentais espalhadas pela Constituição[9]. Por

---

[7]. Castanheira Neves afirma diz que "a metodologia é ou propõe-se a ser a razão intencional de um método — a racionalidade ou o pensamento de (ou sobre) esse método." Cf. *Metodologia Jurídica*. Coimbra, Coimbra Editora, 1993, pp. 9-10 Para um estudo sobre o desenvolvimento do pensamento jurídico metodológico ver Karl Larenz, *Metodologia da Ciência do Direito*. Tradução de José Lamego, 3ª edição, Lisboa, Fundação Calouste Gulbenkian, 1997.

[8]. Manoel Messias Peixinho. *A interpretação da Constituição e os Princípios Fundamentais*. 2ª edição, Rio de Janeiro, Lúmen Júris, 1999.

[9]. Para Jorge Miranda a numeração dos fundamentais é aberta, sempre pronta a ser preenchida ou completada através de novas faculdades além daquelas que se encontrem definidas ou especificadas em cada momento. Cf. *Constitucional II. Direitos Fundamentais*.

conseguinte, há necessidade de se conceber uma teoria dos direitos fundamentais que ultrapasse os limites de uma simples moldura formal. A norma de direito fundamental, no seu sentido material, consagra princípios e valores que estruturam e legitimam um Estado. Dessa forma, é oportuno sintetizar as diversas teorias que procuram explicar o sentido e o alcance desta categoria de direitos, podendo ser consideradas, outrossim, categorias interpretativas, ou métodos hermenêuticos específicos dos direitos fundamentais. Essas teorias podem ser descritas como liberal, institucional, axiológica ou valorativa, democrática (funcional), e social.[10]

1.4. As teorias liberal, institucional, axiológica e social aplicadas à interpretação dos direitos fundamentais

A teoria liberal ou positivista sustenta, ideologicamente, o constitucionalismo liberal. Combatida e com-

---

Lisboa, Faculdade de Direito da Universidade de Lisboa., 1994, p. 90.
10. José Carlos Vieira de Andrade, *Os direitos fundamentais na Constituição portuguesa de 1976*. Coimbra, Almedina, 1987, p.55. Segundo, ainda, esse autor, "as cinco primeiras teorias são defendidas na República Federal da Alemanha por diversos setores da doutrina. Trata-se de um estudo que não encontra (por diversas razões) paralelo em nenhum outro país europeu." Há, ainda, uma outra teoria denominada de 'teoria marxista,' que se diferencia das restantes (todas elas concepções liberais), pertencendo a uma outra concepção antropológica. Adotamos, neste trabalho, a classificação proposta José Carlos Vieira de Andrade, com exclusão da teoria marxista, pois exigiria uma abordagem metodológica mais específica.

balida, alguns autores ainda defendem que os direitos fundamentais são as liberdades de autonomia individual e de defesa contra a intervenção do Estado[11], em que o indivíduo é apenas o autor das decisões que envolvem unicamente a sua esfera pessoal. Esta teoria protege a esfera subjetiva do indivíduo, "deixando aos seus titulares a competência para exercer (ou não) e para decidir o modo do seu exercício."[12] Adotando classificação similar, Pérez Luño[13] afirma para esta teoria os direitos fundamentais são garantias de autonomia individual e direitos de defesa contra possível ingerência indevida dos poderes públicos na esfera privada e, também, como prerrogativas essenciais ao *status quo* econômico e social, o que pressupõe a negação das cláusulas transformadoras da ordem do Estado Social de Direito, ao reduzir essas cláusulas a meras normas programáticas. Os direitos fundamentais, segundo, ainda, essa teoria positivista, apresentam-se como categoria jurídico-formal, aplicando-se as regras tradicionais de interpretação, o que determina a negação de valores éticos, filosóficos ou políticos. Finalmente, a teoria positivista defende que cada norma de direito fundamental deve ser interpretada autonomamente, não sendo lícito recorrer a uma interpretação sistemática dos direitos fundamentais, salvo em casos excepcionais.

---

11. José Carlos Vieira de Andrade, *Os direitos fundamentais na Constituição portuguesa de 1976*, p. 56.
12. José Carlos Vieira de Andrade, *Os direitos fundamentais na Constituição portuguesa de 1976*, p. 59.
13. Perez Luño, *Los Derechos Fundamentales*, pp. 297-298.

O artigo 5º da Constituição de 1988 é um exemplo da influência da teoria liberal, conforme está previsto no capítulo I, que encabeça a expressão "Direitos e Deveres Individuais e Coletivos. Significativo, também, foi o destaque que o Constituinte deu a interpretação desses direitos individuais, pois no parágrafo primeiro do artigo 5º expressamente diz que "as normas definidoras dos direitos e garantias fundamentais têm aplicação imediata", o que retira do legislador ordinário a prerrogativa de restringir o raio de sua aplicação e obsta que se alegue, também, a limitação de sua aplicabilidade imediata por quem se veja ameaçado de violação ou preterido da proteção desses direitos individuais. Dentre outros direitos liberais mais clássicos agasalhados na Magna Carta de 1988 estão o direito à igualdade (5º,I), o princípio da legalidade (5º,II), a liberdade de manifestação de pensamento (5º III), a liberdade religiosa (5º, VI, VII e VIII), a inviolabilidade de domicílio (5º XI).

Contudo, a limitação metodológica desta teoria está no fato de que as repercussões de sua incidência na aplicação dos direitos fundamentais devem ser compreendidas no âmbito restrito do conceito de liberdade. Assim, a liberdade ao ser garantida como simples volição individual e não como liberdade para o atingimento de determinados fins ou objetivos perseguidos pelo Estado, como valoração jurídica[14], transforma o indivíduo num fim único para a consecução de seus próprios objetivos. Foi justamente para não transformar os direitos indivi-

---

14. Ernst-Wolgang. Böckenförde. *Escritos sobre Derechos Fundamentales*. Traducción de Juan Luis Requejo Pages e Ignacio Villaverde Menéndez. Baden-Baden, 1993, p.48.

duais em dogma do ordenamento jurídico brasileiro que o constituinte de 1988 inseriu os direitos coletivos ao lado dos direitos individuais, estabelecendo parâmetros para que os direitos individuais não fossem invocados como direitos e garantias absolutos.

A teoria institucional entende os direitos fundamentais como princípios normativos que justificam a ordenação das inúmeras instituições sociais e responsáveis pela estabilidade das relações nos diversos grupamentos representativos da sociedade, não vinculando ao indivíduo, como fora dito da teoria liberal. Porém, os titulares dos direitos fundamentais são apenas os participantes de determinada instituição. Se é verdade que a teoria liberal ou positivista é insuficiente por compreender os direitos fundamentais numa dimensão puramente individualista, centrando o indivíduo como único responsável pelo exercício desses direitos, a teoria institucional enseja um alargamento das garantias liberais porque, ao lado dessas, existem outros direitos que são consagrados institucionalmente, como aquelas normas, "que rodeiam o funcionalismo público, o magistério, a autonomia municipal, as confissões religiosas, a independência dos juízes, a exclusão de tribunais de exceção."[15] A teoria institucional 'oxigena' a teoria liberal ao conceber os direitos fundamentais gerados pela convivência social e rejeitando a dicotomia liberal fundada nos parâmetros de oposição indivíduo-Estado. A lei, para a teoria institucional, não se apresenta como limitação e intervenção na liberdade

---

15. Paulo Bonavides. *Curso de Direito Constitucional*, 8ª ed., Malheiros, 1999, p. 520.

do direito fundamental, mas como favorecimento e realização da liberdade[16].

A Constituição de 1988 prevê a liberdade profissional ou sindical (8º, caput), o direito de greve (9º, caput), a garantia de criação e participação nos partidos políticos (17, caput), a proteção à família (226), ao casamento (î1º, 226) como garantias institucionais que têm a proteção do Estado independentemente da vontade dos indivíduos.

A despeito do avanço metodológico que imprime a teoria institucional, uma vez que rompe com a proposta liberal, que encaixa os direitos fundamentais numa relação puramente individualista, a teoria institucional é parcial porque retira do indivíduo a capacidade de exercer, por si só, os direitos com autonomia, reduzindo o direitos fundamentais a meros direitos de grupos sociais organizados institucionalmente.

Para teoria axiológica os direitos fundamentais são um "sistema cultural de bens e valores que cria para os indivíduos um estatuto material integrador, isto é, capaz de inseri-los na continuidade espiritual que constitui o Estado"[17] ao servirem a um sistema coerente que inspira todas as normas e instituições do ordenamento jurídico, prescrevendo as metas políticas a serem alcançadas e situando os direitos fundamentais como *"principio legitimador y el postulado-guía herméutico de todo el orden jurídico-político, religando la Constitución forma com la*

---

16. Ernst-Wolgang. Böckenförde, *Escritos sobre Derechos Fundamentales*, p. 54.
17. José Carlos Vieira de Andrade, *Os Direitos Fundamentais na Constituição Portuguesa de 1976*, p. 62.

Constitución material."[18] A teoria axiológica é uma ordem que tem como "traves-mestra a liberdade e a dignidade da pessoa humana e o princípio da democracia pluralista". Contudo, a teoria em foco não deve ser compreendida numa concepção abstrata. Mas, e isso é importante assinalar, "só os direitos fundamentais, como ordem valorativa realizável concretamente, legitimam o poder do Estado.[19] As conseqüências desta teoria para a interpretação dos direitos fundamentais são semelhantes àquelas produzidas pela teoria institucional, porque em ambos os casos se tratam de objetivação e materialização da liberdade[20]. A teoria dos valores é importante instrumento para a hermenêutica dos direitos fundamentais porque não se limite a aferir a legitimidade da norma somente no âmbito individualista, mas, ao contrário, encarna os valores ínsitos ao ordenamento jurídico, abrindo ao intérprete a possibilidade de retirar da Constituição os valores metajurídicos subjacentes à vontade do constituinte originário. A Constituição brasileira de 1988 é pródiga em valores, como é o caso, por exemplo, do preâmbulo, onde se encontra a expressão "valores supremos", referindo-se aos direitos sociais e individuais, a liberdade, a segurança, o bem-estar, o desenvolvimento, a igualdade e a justiça. Também paradigmáticos desses valores supremos são o elenco dos artigos 2º e 3º em que se encontram a soberania, a cidadania, a dignidade da pessoa humana (art.1º). No artigo 3º estão

---

18. Perez Luño, *Los Derechos Fundamentales*, p. 298.
19. Paulo Bonavides. *Curso de Direito Constitucional*, p. 576.
20. Ernst-Wolgang. Böckenförde, *Escritos sobre Derechos Fundamentales*, p. 59.

os objetivos/valores de uma sociedade justa, livre e solidária, a garantia de um desenvolvimento nacional, o propósito de erradicação da pobreza e da marginalização e das desigualdades sociais e regionais e compromisso de promoção do bem coletivo com o banimento de todos os preconceitos. Porém, se é correto afirmar que os valores constitucionais superam a velha metodologia do positivos clássico, também não é menos verdade inferir que uma hermenêutica 'exclusivamente axiológica' pode conduzir a uma teoria 'puramente essencialista', voltada às velhas tradições jusnaturalistas e a formulações teóricas afastadas de um compromisso crítico da história e das instituições.

A teoria social não é uma formulação teórica completa, compatibilizando-se com as outras teorias. Nesta visão, os direitos fundamentais não podem ser concebidos como conceitos abstratos ou categorias autônomas, mas nascem e se concretizam condicionados por uma realidade histórica, em que se busca superar a dicotomia entre a liberdade jurídica e a liberdade real. Neste sentido, os direitos fundamentais não têm somente um caráter limitador negativo, mas, também, facilitam pretensões sociais perante o Estado[21], priorizando os direitos sociais, que implicam, por sua vez, numa prestação positiva do Estado, prestações estas que, em alguns casos, necessitam alocação de recursos por meio de previsão orçamentária e intervenção do legislador ordinário. A teoria social se incorpora à dimensão dos direitos fundamentais de forma significativa porque oportuniza aos destinatários

---

21. Ernst-Wolgang. Böckenförde, *Escritos sobre Derechos Fundamentales*, p. 64.

acesso aos bens materiais indispensáveis à concretização da dignidade da pessoa humana. No rol desses direitos estão previstos, de forma exemplificativa, os direitos sociais (6°, caput da CF/88), quais sejam, "a saúde, o trabalho, a moradia, o lazer, a segurança, a previdência social, a proteção à maternidade e à infância, a assistência aos desamparados." Esses direitos funcionam como princípios norteadores da nova hermenêutica constitucional e, ao mesmo tempo, demarcam o rompimento com os métodos utilizados pela metódica tradicional de cunho exclusivamente individualista.

CAPÍTULO II — A teoria Democrática de interpretação dos direitos fundamentais

2.1. Teoria Democrática Tradicional

Na teoria democrática tradicional, os direitos fundamentais somente são legitimados se estiverem relacionados com uma determinada função pública. Deste modo, fundamentais somente seriam os direitos dos cidadãos num determinado processo democrático. É possível dizer que nessa perspectiva os direitos fundamentais deixam de ser direitos e passam a ser deveres, tornando-se ilegítimos se forem exercidos contra os princípios democráticos. Conseqüentemente, seriam legitimadas, em nome da titularidade desses direitos pelo Estado Democrático, as intervenções na esfera íntima dos cidadãos, já que estes detêm deveres e não são titulares dos direitos fundamentais.

Ao identificar os direitos fundamentais às funções públicas e políticas, Ernst-Wolfgang Böckenförde diz que nesta categoria sobrelevam as liberdades de opinião, imprensa, reunião e de associação, assumindo o sentido de fatores constitutivos de um livre processo de produção democrática de formação da vontade política. Em síntese, os direitos fundamentais não se reconhecem ao cidadão para que os exerça e disponha livremente deles. Ao contrário, são reconhecidos ao destinatário enquanto membro de uma determinada comunidade identificado sempre com a noção de interesse público.

A teoria democrática tradicional se opõe à idéia de que os direitos fundamentais são assegurados a partir de uma liberdade individual concebida com autonomia em relação ao Estado ou numa visão de direitos existentes antes do Estado. Ao contrário, esses direitos são identificados como normas que disciplinam competências e funções visando à livre participação dos indivíduos nos assuntos públicos e no processo político, mas nunca normas de garantia de competência e limites entre os titulares de direitos fundamentais e o Estado.[22]. Importante, ainda, identificar, segundo Böckenförde, as conseqüências desta teoria à interpretação dos direitos fundamentais:

> (a) a liberdade é concebida como um processo democrático, convertendo-se simplesmente em um meio para garantir este processo. Como exemplo, têm-se a liberdade de imprensa, que somente cumpre a sua

---

22. Ernst-Wolgang. Böckenförde, *Escritos sobre Derechos Fundamentales*, pp. 60-61.

função se limitada ao papel de uma imprensa formadora da opinião pública em sentido político. Também a liberdade de reunião assume um sentido diferenciado porque deverá ser exercida para reuniões que sirvam a demandas políticas ou públicas ou que se limitem a reuniões que exprimam um dever de tolerância com outros.

(b) A liberdade se transforma em uma competência, um serviço público ou um dever, porque se o uso da liberdade é garantido em razão do exercício de uma função pública, não se pode atribuir o seu exercício ao livre arbítrio do titular da liberdade, desaparecendo, assim, o princípio da liberdade como uma eleição juridicamente assegurada[23].

Porém, se esta teoria se é aplicada com êxito aos direitos políticos e a outros direitos coletivos, equivoca-se, porém, por desconsiderar que os direitos da liberdade e os direitos individuais devem ser — ainda que com limitações — exercidos de acordo com a vontade pessoal dos seus titulares[24].

A democracia aparece na expressão "Estado Democrático" no preâmbulo da CF/88, que tem a missão de assegurar o exercício dos direitos sociais e individuais, a liberdade, a segurança, o bem estar, o desenvolvimento, a igualdade e a justiça como valores supremos de uma

---

23. Ernst-Wolgang. Böckenförde, *Escritos sobre Derechos Fundamentales*, pp. 62-63.
24. José Carlos Vieira de Andrade, *Os Direitos Fundamentais na Constituição Portuguesa de 1976*, pp. 63-66.

sociedade fraterna, pluralista e sem preconceitos, fundada na harmonia social e comprometida na ordem interna e internacional, com a solução pacífica das controvérsias..." Como se pode observar, o Estado democrático é o sustentáculo de todos os princípios e direitos fundamentais. Os artigos 1º a 5º são desdobramentos do Estado Democrático anunciado no pórtico da Constituição. Os artigos 14 e 17 da CF/88 expandem e concretizam o Estado Democrático ao oportunizar a soberania nacional e a participação do cidadão no processo eleitoral por meio da garantia dos direitos políticos viabilizados também pela formação de partidos políticos livres para a efetivação da soberania nacional, o regime democrático, o pluripartidarismo, os direitos fundamentais. Há, ainda, referência à democracia em capítulos importantes, como é o caso da atribuição do caráter democrático à seguridade social com a participação de gestão partilhada por trabalhadores, empregadores aposentados e o governo. (art. 194, VII da CF/88). No artigo 204, II, prevê-se a participação da população, por meio de organizações representativas, nas formulações e ações da assistência social.

2.2. Teoria Democrática Contemporânea

Hans Peter Schneider considera ensina que os direitos fundamentais são expressão da dignidade humana, assistindo razão àqueles que criticam uma teoria de instrumentalização funcional. Com apoio em Smend, entende ser indiscutível a relevância dos direitos fundamentais como conteúdo objetivo da integração constitucional, participando da constituição no Estado e realizando o processo político. Por conseguinte, os direitos fundamentais são, além de uma conquista jurídico-individual, uma *condition sine qua non* do Estado constitucional democrático e devem ser interpretados objetivamente, como tem destacado o Tribunal Constitucional Federal da Alemanha ao conferi-los um status de elementos do ordenamento objetivo, isto é, normas jurídicas objetivas de um sistema axiológico que aspira à validade, como decisão jurídico-constitucional fundamental para todos os setores do Direito.[25]

O princípio democrático na Lei Fundamental da Alemanha se expressa na idéia básica de autodeterminação do povo. (artigos 20, 21) Para Schneider, autodeterminação do povo significa: (a) auto-realização autônoma de todo o povo, mediante cada indivíduo e não por pessoas especialmente privilegiadas, grupos, burocracias ou outras elites; (b)um máximo de liberdade real do indivíduo como expressão de sua dignidade humana, em que reside ao mesmo tempo a exigência emancipadora da idéia de autodeterminação e a limitação racionalizadora do poder; c)participação livre com igualdade de oportunidades, para todos pertencentes a uma comunidade, no processo político; (d) transparência de todo o desenvolvimento social com a meta permanente para realizar e criar condições sociais mais livres e justas. Destarte, enquanto a democracia deve realizar-se pelo caminho da formação independente e aberta da vontade política e da tomada de decisões, descansando, portanto, numa dis-

---

25. Hans Peter Schneider. *Democracia y Constitucion*. Traduzido por Joaquín Abellán. Madrid, Centro de Estúdios Constitucionales, 1991. p. 136.

cussão livre de todas as forças reais, de participação igualitária de todos os indivíduos, a ordem democrática da Lei Fundamental está inseparavelmente unida a liberdades reais, que precisamente a Constituição não pode gerá-las, por si mesma, mas que deve impulsioná-las em virtude da lei — até onde alcança sua força normativa e garantir com ajuda dos direitos fundamentais. Nesta linha de raciocínio, conclui-se que se se contempla a participação no processo político com igualdade de oportunidades como pressuposto da origem material da liberdade real-efetiva, então se estará concretizando a ordem democrática da Lei Fundamental em seu conjunto como forma constitucional da democracia da liberdade, passando os direitos fundamentais a ocupar o centro da idéia de autodeterminação dos povos.[26]

Konrad Hesse, também sob a perspectiva da Lei Fundamental alemã, afirma que não há um conceito jurídico-constitucional de democracia. O princípio democrático é determinado a partir de diversas concepções diferentes e, às vezes, opostas. Diante dessa instabilidade conceitual, somente a realização da Constituição, em sua plenitude de concreção, poderá estabelecer um significado jurídico-constitucional. Não há, portanto, uma normatização constitucional de democracia, se compreendida como um modelo completo e acabado. Existem, tão somente, postulados fundamentais indispensáveis à concepção de uma ordem democrática. Contudo, estas diretrizes constitucionais não significam que o conceito de democracia seja uma doutrina abstrata e afastada da realidade social, mas, e isso é fundamental dizer, a noção de

---

26. Hans Peter Schneider, *Democracia y Constitucion*, pp.140-141.

democracia funda-se numa realidade concreta da história contemporânea, plenamente realizada nas diferenças, interesses contrapostos, aspirações e conflitos vivenciados num povo, o que gera, de acordo com o axioma "todo o poder emana do povo", uma multiplicidade de divergências que tornam cíclicas e recorrentes a produção de reiteradas unidades políticas como condição de poder estatal. O artigo 20, alínea 2, frase 1, da Lei Fundamental alemã legitima esse processo livre e aberto de ação do povo em busca da vontade, quer seja de uma maioria, quer seja de uma minoria, porque todos os componentes da sociedade gozam igualmente dos mesmos direitos de participação política de acordo com as regras previstas na Constituição.[27]

Cabe, portanto, ao Tribunal Constitucional Federal alemão a responsabilidade pelo estabelecimento do conceito de democracia por meio de decisões globais da Lei Fundamental e da história constitucional moderna. É relevante observar que o sentido de democracia, no texto da Constituição alemã (artigo 10, alínea 2, 11, alínea, 2, 18, 21, alínea 2, 87a, alínea 4 e 91), é liberal-democrático, compreendido como uma ordem "que, sob exclusão de qualquer tirania e despotismo, representa uma ordem de domínio estatal-jurídica sobre as bases da autodeterminação do povo segundo a vontade da respectiva maioria, da igualdade e liberdade".[28] Incluem-se, dentre os princípios fundamentais dessa ordem democráti-

---

27. Konrad Hesse. *Elementos de Direito Constitucional da República Federal Alemã*. Tradução de Luís Afonso Heck. Porto Alegre, Sérgio Fabris Editor, 1998, p. 120.
28. Konrad Hesse. *Elementos de Direito Constitucional da República Federal Alemã*, p. 117.

ca, o respeito pelos direitos humanos, concretizados na Lei Fundamental, que se desdobram, por sua vez, nos direitos à personalidade, à vida, ao livre desenvolvimento, à soberania popular, à divisão dos poderes, à responsabilidade do governo, à submissão da Administração Pública à lei, à independência dos tribunais, ao princípio do pluripartidarismo, à igualdade de todos os partidos políticos com direito à formação e ao exercício profissional de uma oposição.[29]

Segundo Jüngen Habermas a democracia é o núcleo de um sistema jurídico, formado por uma gênese de direitos e gerados por um processo circular em que o código do direito e o mecanismo de sua produção se confundem, resultando na produção de um direito legítimo. Para Habermas, a produção do direito ocorre por meio de um processo de representação abstrata internalizado concretamente, em que os cidadãos se impõem, obrigatória e reciprocamente os direitos que regularão a sua convivência com os meios utilizados no direito positivo. Esses direitos, considerados *in abstrato*, formam o código jurídico e determinam as categoriais do *status* das pessoas. Habermas classifica os de direitos fundamentais, numa perspectiva democrática, de acordo com as seguintes categorias:

(a) Direitos fundamentais resultantes de uma configuração autônoma de direito à maior medida possível de fruição das liberdades subjetivas.

---

[29]. Esses princípios são retirados da jurisprudência do Tribunal Constitucional Federal. (BVerfGe 2, 1(12f.) Cf. Konrad Hesse. *Elementos de Direito Constitucional da República Federal Alemã*, p. 129.

(b) Direitos fundamentais de configuração política autônoma referente a um *status* de membro de associação voluntária de parceiros de direito.

(c) Direitos fundamentais provenientes de imediata postulação judicial e da proteção autônoma individual.

Essas três categorias não são, para Habermas, direitos liberais de defesa, porque regulam apenas as relações de pessoas livremente associadas, anteriores a quaisquer organizações jurídico-políticas. Ao contrário, os direitos acima classificados garantem, unicamente, a autonomia privada na medida em que os sujeitos de direito se reconhecem mutuamente como destinatários das leis e assumem o *status* de pretensão à obtenção de direitos, bem como a capacidade de fazê-los valer.

Numa quarta classificação, estão os (d) direitos fundamentais de participação nos processos gerais formadores de opinião da vontade geral, que se realizam com o exercício da autonomia política, por meio dos quais os cidadãos criam o direito legítimo. Quanto a essa categoria, Habermas entende que sua aplicabilidade na interpretação dos direitos constitucionais e na configuração política estão baseados na classificação anteriormente disposta e fundamentam o *status* do cidadão livre e igual, representando a autonomia pública e privada.

Finalmente, os direitos até o momento citados por Habermas irão sintetizar uma quinta categoria que são os (e) os direitos fundamentais de garantias sociais e a plena realização, em igualdade de condições, dos direitos previstos de 1 a 4.

Habermas, ao adotar essa classificação, tem o objetivo de entender esses direitos fundamentais como direitos de participação e de liberdade, estabelecendo uma relação entre soberania do povo e direitos humanos, procurando afastar o paradoxo entre legalidade e legitimidade.[30] Ao longo de seu processo de argumentação, é possível retirar algumas conclusões sobre a fundamentação dos direitos desenvolvidas por Habermas:

(a) Por meio do princípio do discurso, são fundamentados os direitos elementares de justiça ao garantir a todas as pessoas igual proteção jurídica, igual pretensão a serem ouvidas, igualdade na aplicação do direito, em síntese, igualdade de tratamento perante a lei.

(b) O direito a iguais liberdades subjetivas de ação, bem como os direitos correlatos à associação e às garantias, estabelecendo o código jurídico e pressupondo um núcleo de legitimidade para outros direitos.

(c) Os direitos liberais clássicos, dentre os quais a liberalidade, a dignidade humana, a liberdade, a vida, a integridade física da pessoal, a livre escolha da profissão, a propriedade, a inviolabilidade de residência são interpretações e derivações do direito geral à liberdade, significando direitos a iguais liberdades subjetivas.

---

30. Jüngen Habermas. *Direito e Democracia. Entre facticidade e validade*. Volume I. Tradução de Flávio Beno Siebeneichler. Rio de Janeiro: Tempo brasileiro, 1997, pp. 159-160.

(d) os direitos consubstanciados na proibição da extradição, o direito ao asilo, os deveres jurídicos, o *status* de prestações, a cidadania, significam, por sua vez, a concretização do *status* geral de membros livres e parceiros de uma sociedade fundada no direito.

(e) A efetividade do direito deve ser interpretada por meio de garantais processuais e de princípios fundamentais, como a irretroatividade das leis, a proibição do *bis in idem* de penas, a vedação de tribunais de exceção, a independência do juiz etc.

A classificação habermasiana dos direitos torna-se compreensível pela interligação da soberania do povo aos direitos fundamentais[31], compreendidos estes na extensão da autonomia política e privada, o que importa rejeitar, de plano, qualquer fundamentação da autonomia moral ancorada nos direitos naturais ou morais derivados de uma dimensão anterior à autonomia privada dos indivíduos. Habermas refuta qualquer fundamentação ideológica anterior à autonomia privada[32], a não ser aquela

---

31. Entende Habermas que "o princípio da soberania fixa um procedimento que fundamenta a expectativa de resultados legítimos com base nas suas qualidades democráticas. Esse princípio se expressa nos direitos à comunicação e à participação que asseguram a autonomia pública do cidadão". Cf. Jüngen Habermas. *A Constelação Pós-Nacional*. Tradução de Márcio Seligmann Silva. São Paulo: Littera Mundi, 2001, p. 146.
32. Segundo Habermas, "não existe direito sem autonomia privada das pessoas de um modo geral. Portanto, sem os direitos clássicos à liberdade, particularmente sem o direito fundamental às liberdades

legitimada no princípio do discurso, — mecanismos de comunicação e participação — como o discurso da democracia, inserido nas reais condições de socialização comunicativa e do m*edium* do direito. Habermas propõe, assim, uma complementaridade dialogal que envolve o discurso, que deve agir interativamente e interligado, ao mesmo tempo, com um sistema de direitos para desaguar no princípio democrático que, por sua vez, privilegia e pressupõe a autonomia pública. Por último, é inegável que os direitos fundamentais, encarnados no axioma constitucional de que *todo poder emana do povo* serão referenciados, circunstancialmente, nas liberdades de opinião e de informação, nas liberdades de reunião e de associação, na liberdade de fé, consciência e confissão, nas autorizações para a participação em eleições e votações políticas e partidos políticos e nos movimentos civis, pois ressaltam o papel histórico das constituições, em que esses direitos fundamentais são interpretados como modo de contextualização dos sistemas de direitos. Desta forma, Habermas assume que os direitos fundamentais somente podem ser constituídos por meio de um processo histórico concreto, afastando, desta forma, qualquer fundamentação moral ou natural anterior ao processo constituinte.[33]

---

de ação subjetivas iguais, também não haveria um meio para a institucionalização jurídica daquelas condições sob as quais os cidadãos podem participar na práxis de autodeterminação." Cf. Jüngen Habermas, *A Constelação Pós-Nacional*, p. 149.
33. Jüngen Habermas, *Direito e Democracia. Entre facticidade e validade*, pp. 165-166.

CONCLUSÃO

A teoria democrático-funcional é, apenas, uma das dimensões dos direitos fundamentais, havendo que lhe se agregar, a participação política, o exercício consentido e livre dos direitos fundamentais, não se confundido o exercício de funções estatais com os direitos exercidos pelo indivíduo enquanto cidadão, detentor de obrigações, mas, também, de direitos a serem exercitados sob a égide da cidadania. As contribuições de Hans Peter Schneider são importantes porque laçam luz sobre o sentido de autodeterminação individual e coletiva, apartando-se da idéia puramente funcional, em que o indivíduo é apenas coadjuvante dos destinos da sociedade.

As reflexões deste trabalho se basearam, inicialmente, em autores que entendem a teoria democrática numa visão funcional limitada, confundindo os direitos fundamentais com deveres estatais. Para compreender essa teoria tradicional foi importante a contribuição de dois autores: Ernst-Wolgang Böckenförde e José Carlos Vieira de Andrade, que resenharam o pensamento dos autores alemães mais importantes dedicados às teorias de interpretação dos direitos fundamentais. Em ambos percebe-se a crítica à insuficiência da teoria democrático-tradicional.

A real contribuição dada por este artigo foi a inclusão de autores cujas reflexões sobre a democracia e os direitos fundamentais possibilitassem a expansão da própria teoria democrática com o propósito de reconstrução do seu próprio conteúdo, adequando-a às novas exigências metodológicas aplicadas aos direitos fundamentais. Contudo, numa posição intermediária, entre as teorias institucional e democrática, encontram-se alguns teóricos que procuram agregar contributos à interpretação democrática dos direitos fundamentais. Dentre esses autores selecionados para este estudo estão Hans Peter Schneider, Konrad Hesse e Jüngen Habermas, autores alemães cuja tradição forjou a criação das teorias de interpretação dos direitos fundamentais. Esses autores irão contribuir para uma releitura dos direitos fundamentais a partir de premissas diferenciadas. Korand Hesse está mais próximo à tradição jurisprudencial do Tribunal Constitucional alemão, privilegiando o papel da jurisprudência germânica na interpretação constitucional e, principalmente, no desenvolvimento do princípio democrático. Hans Peter Schneider também adota o método jurisprudencial, mas avança para explorar os conceitos de democracia a partir de matrizes sociológicas. Jüngen Habermas, por sua vez, se diferencia de ambos os autores ao imprimir uma reflexão dos direitos voltada a uma abordagem filosófica, elegendo como principal ferramenta crítica à teoria do discurso. Porém, esses autores têm em comum o fato de serem críticos da teoria democrática tradicional em que os direitos fundamentais se esgotam unicamente em funções do Estado, deixando a autonomia individual num segundo plano.

BIBLIOGRAFIA

BONAVIDES, Paulo. *Curso de Direito Constitucional*, 8ª ed., Malheiros, 1999.
BÖCKENFÖRDE, Ernst-Wolgang. *Escritos sobre Derechos Fundamentales*. Traducción de Juan Luis Re-

quejo Pages e Ignacio Villaverde Menéndez. Baden-Baden, 1993.

CAITORA, Ana Aba. *La Limitación de los Derechos em la Jurisprudencia Del Tribunal Constitucional Español*. Tirant Monografias, Valencia, 1999.

HABERMAS, Jüngen. *A Constelação Pós-Nacional*. Tradução de Márcio Seligmann Silva. São Paulo: Littera Mundi, 2001.

_____. *Direito e Democracia. Entre facticidade e validade*. Volume I. Tradução de Flávio Beno Siebeneichler. Rio de Janeiro: Tempo brasileiro, 1997.

HECK, Luis Afonso.*Os Direitos Fundamentais, o preceito da proporcionalidade e o Recurso Constitucional Alemão*. Revista da faculdade de Direito da UFRGS, v. 15, 1998.

HESSE, Konrad. *Elementos de Direito Constitucional da República Federal Alemã*. Tradução de Luís Afonso Heck. Porto Alegre, Sérgio Fabris Editor, 1998.

LARENZ, Karl. *Metodologia da Ciência do Direito*. Tradução de José Lammego, 3ª edição, Lisboa, Fundação Calouste Gulbenkian, 1997.

LUÑO, E. Perez. *Los Derechos Fundamenales*. Madrid, Tecnos, 1995.

_____. *Derechos Humanos, Estado de Derecho y Constitucion*. Espana, Tecnos, 1994.

MARTÍNEZ, Gregorio Perces Barba. *Curso de Derechos Fundamentales*. Teoria Geral. Universidad Carlos, III de Madrid, 1999.

_____. *Derecho sociales y positivismo jurídico*. Instituto de Derecho Humanos "Bartolome de las Casas", Universidad Carlos III de Madrid.1998.

MIRANDA Jorge. *Manual de Direito Constitucional.* Coimbra, Coimbra Editora, 1993, pp.48-107.

NEVES, Castanheira. *Metodologia Jurídica.Coimbra, Coimbra Editora*, 1993.

NINO, Carlos Santiago. *Fundamentos de derecho constitucional.* Buenos Aires, Astrea, 1992.

VIERIA DE ANDRADE. José Carlos. *Os direitos fundamentais na Constituição portuguesa de 1976.* Coimbra, Almedina, 1987.

A estrutura constitucional e a democracia deliberativa: o contexto brasileiro

José Ribas Vieira

1. Introdução

Um dos objetivos deste trabalho é dar prosseguimento as conclusões do estudo elaborado pelo Grupo de Pesquisa em Direito e Democracia da PUC-Rio[1]. Nessa ocasião, tendo como base a resenha dos principais responsáveis do debate da democracia deliberativa, pode mapear-se seus principais elementos, tais como: legitimidade, publicidade, inclusão, natureza e justificativa do processo discursivo na democracia deliberativa, conflito entre democracia e direito, etc.

---

1. O trabalho do citado grupo tem como título "Democracia Deliberativa" foi publicado na revista *Direito, Estado e Sociedade* do Departamento de Direito da PUC-Rio nº19 (Ago/Dez 2001); 180:219. O grupo constitui-se de mestrandos e doutorandos integrantes do Programa de Pós-Graduação em Direito da PUC-Rio.

A formação do grupo prendeu-se, assim, em razão de alguns motivos. Um deles está fundamentado no esgotamento de um padrão clássico de constitucionalismo, isto é, de visualizá-lo como uma mera limitação do poder. Richard S. Kay[2] lembra, aprofundando o tema de constitucionalismo, que "regras constitucionais" podem adquirir legitimidade não por uma mera associação "a um ato histórico intencional" e sim pela sua mera aceitação em sociedade por em determinado tempo. Houve, também, uma sensibilidade maior por parte do referido grupo diante de outras percepções teóricas para compreender o constitucionalismo.

Nesse sentido, Stephen L. Elkin[3] no mesmo diapasão de Richard S. Kay sublinha, também, de que essa categoria não pode hoje ser traduzida por uma simples limitação do poder. Elkin observa que estamos diante de um novo constitucionalismo mais prepositivo em termos de políticas sociais e que "o regime constitucional" deve, ainda, concretizar através de proposições a formação de cidadania.[4]

Um outro motivo para aglutinarmos num grupo de estudos está na ordem de ponderar uma certa fadiga de debate sobre os princípios constitucionais. Há uma pos-

---

2. Richard S. Kay. "American Constitutionalism" in: *Constitutionalism (Philosophical Foundation)* organizado por Larry Alexander; Cambridge. Cambridge University Press, 1998, pág. 33.
3. Stephen L. Elkin. "Constitutionalism old and new" in: *A new constitutionalism designing political institutions for a good society*, organizado por Stephen L. Elkin e Karol Edward Soltan; Chicago. Chicago University Press, 1993. pág. 20 a 37.
4. Op. cit. pág. 32 a 33.

sível clareza dos rumos perigosos das análises principiológicas de reproduzirem um certo positivismo. Cristina Queiroz sintetiza bem esse pensamento de buscar novos caminhos para compreender e concretizar a constituição, de lecionar:

> "Adaptando a compreensão de que o processo de "aplicação judicial da constituição" (Constitutional Adjudication) é interpretação, teóricos como Dworkin e Fiss afirmam que o juiz pode proceder sobre questões fortemente controvertidas, identificando os "valores partilhados pela comunidade" através de um processo de <u>interpretação objetiva</u> que "filtre"e descubra os valores da comunidade. Isso pressupõe uma concepção "positiva" de liberdade como <u>cidadania</u> e um conceito "novo"de representação: "we the people actually speak". O tribunal constitucional, entre nós, ao exercer o seu "direito judicial de controle" actua não como representante do "Povo", mas "em representação" do Povo "no sentido mais recto do termo", o seu comissário para "prevenir o abuso em seu nome" da "política ordinária (normal politics), "contrária à vontade constitucionalizada da maioria".[5] (O destaque não é nosso)".

Frank Michelman[6] pontua nessa direção ao afirmar a necessidade de identificar "povo" com "as leis" através

---

5. Cristina Queiroz. *Interpretação Constitucional e Poder Judicial. Sobre a Epistemologia da Construção Constitucional.* Coimbra. Coimbra Editora, 2000, pág. 20 a 21.
6. Frank Michelman. "Law's Republic" in: *The Yale Law Jornal.* Vol. 97, number 8, July 1988, pág. 1502.

de uma política "jurisgenerative", isto é, na mais forte tradução de republicanismo, cidadania — participação como "um igual nos negócios públicos na busca de um bem comum — aparece como o primário, realmente, constitutivo interesse da pessoa".[7]

Esse quadro completa-se, ainda, com a perspectiva de Stephen Holmes, paralela a um novo conceito de constitucionalismo já visto anteriormente, por nós, quando esse constitucionalista americano adverte para o fato das constituições não ter meramente o papel de limitar o poder, "elas criam e organizam tão bem quanto dá a ele a direção".[8]

Com essas variáveis em torno da busca de um constitucionalismo renovado, uma fundamentação democrática para o debate principiológico e, por fim, a relevância política da constituição que o grupo pode enquadrar o significado da democracia deliberativa para a Teoria Constitucional no presente momento histórico.

Nessa linha, recorremos, mais uma vez, as lições Cristina Queiroz:

> "*A democracia deliberativa não se apresenta como uma pura mediação pragmática de interesse, antes se concretiza e consolida num saber ouvir e escutar até ao fim, em garantir os valores "constitucionais", "adaptando-os" às diferentes "crises" da vida constitucional. Num Estado democrático e constitucional,*

---

7. Ibidem, pág. 1503.
8. Stephen Holmes. *Passions & Constraint on the Theory of Liberal Democracy*. Chicago. Chicago University Press, 1995, pág. 164.

"*a razão publica*"*apresenta-se como a "a razão" do seu Tribunal Constitucional*".[9]

Arremata a constitucionalista portuguesa para a importância dos princípios jurídicos constitucionais do pluralismo, da publicidade e da tolerância com o objetivo de afastar a permanência de "dogmatismo estéreis, posições reducionistas e cristalizantes e o esmagamento dos mais débeis".[10]

Com esse quadro teórico esboçado pretendemos, no amadurecimento das discussões do grupo, aferir certos questionamentos a respeito do paradigma da democracia deliberativa para o maior avanço da Teoria Constitucional, a saber:

- Os mecanismos institucionais ou espaços como o da Jurisdição Constitucional traduzem, realmente, ou não estímulos para o avanço da democracia deliberativa nos termos de uma política jurisgenerativa delineada por Frank Michelman;

- Como poderíamos aplicar certos modelos de democracia deliberativa e sua articulação constitucional em sociedades como a nossa? Em razão de que a estruturação desses quadros conceituais foram construídos, principalmente, num contexto como da perspectiva sócio-político norte-americana[11].

---

9. Cristina Queiroz. Op. cit. pág. 21.
10. Ibidem, idem.
11. Vide o trabalho de Pablo Ghetti *Às Margens da Deliberação: Notas sobre uma Política Deliberativa por Vir* (Mimeo.) Na pág. 5,

Implicitamente, além desses questionamentos, estaremos, também, tentando ao estabelecer essa interface entre os procedimentos institucionais e a Jurisdição Constitucional com a democracia deliberativa, contribuir para compreender a real projeção das decisões judiciárias para um espaço democrático mais alargado[12].

Essas indagações serão respondidas dentro do marco da democracia deliberativa na sua formulação norte-americana como, aliás, já esboçamos nos conceitos principais desse trabalho delineador anteriormente. Entretanto, é legítimo que reforcemos essa escolha dessa linha teórica de base estadunidense. Essa vertente é, desse modo, natural devido ao papel genuíno que a questão democrática se colocou no universo americano do final do século XVIII. Assim, nessa formação dos Estados Unidos, encontramos raízes do atual debate da democra-

---

Pablo Ghetti refere-se a necessidade da análise da democracia deliberativa não desconhecer "a margem geográfica ou topológica". Isto é: "Há que se considerar numa teoria marginal de deliberação que considere as distinções norte/sul, centro/periferia, ocidente/oriente...".

12. Vide, Ghetti, pág. 5, ao mencionar "a margem referencial" como há uma imperiorisidade de estudarmos a relação da democracia deliberativa com o campo judiciário. A análise da democracia deliberativa tem direcionado mais por uma preocupação com os seus fundamentos. É necessário avançar no sentido de um detalhamento institucional. Vale sublinhar que Joseph M. Bessette não só é o responsável pela origem da expressão democracia deliberativa, como também, foi o pioneiro nos estudos institucionais em torno dessa temática ao analisar o Poder Legislativo norte-americano. (Vide Joseph M. Bessette. *The Mild Voice of Reason. Deliberative Democracy & American National Government*. Chicago. Chicago University Press, 1997.

cia deliberativa na medida em que, ao ser desenhado o seu modelo constitucional em 1787, prevaleceu certos procedimentos institucionais, tais como o dos "freios e contrapesos"[13]. Podemos exemplificá-lo através do instituto do bicameralismo onde a maioria (Câmara dos Representantes) é anulada pela minoria (Senado). Isto é, tal procedimento possibilitaria que prevalecesse a razão no processo decisório. Nos últimos trinta anos, essa noção de democrático deliberativo ressurge nos Estados Unidos em virtude dos impasses de natureza intransponível com a crise de instituições como da "Judicial Review" e, mais recentemente, em relação ao próprio Colégio Eleitoral (Caso Bush v. Gore). Esses impasses indicam uma profunda crise de legitimidade do sistema político-jurídico americano.

Nesse contexto de fratura institucional, merecerá de nossa parte o destaque para a análise de dois pensamentos, a saber: Cass R. Sunstein[14] e Stephen M. Griffin[15].

---

13. Roberto Gargarella. *Crisis de la Representación Política*. México, DF: Distribuiciones Fontamara S.A. 1997, pág. 57.
14. Cass R. Sunstein. *Designing Democracy. What Constitutions Do*. Oxford. Oxford University Press. 2001.
15. Stephen M. Griffin. *Judicial Supremacy and Equal Protection in a Democracy of Rights* (mimeo.2000) e citaremos, de forma alternada quando necessária, a versão definitiva publicada em *Journal of Constitutional Law* da University of Pennsylvania (vol.4, january 2002, number 2). Griffin integra uma corrente junto a Bruce Ackerman, Wayne Moore e Keith E. Whittington que reconhece "atores não judiciais" lutando para reconfigurar, desafiar, ou a partir de esforços judiciais definir o significado do fenômeno constitucional. Vide Keith E. Whittington *Constitutonal Construction — Divided powers and Constitutional Meaning*. Cambridge. Harvard Univesity Press, 1999. pág. 1 e 2.

A opção por esses dois estudiosos prendem-se, fundamentalmente, pela preocupação de seus objetos com a presença de grupos (Sunstein) ou de movimentos políticos (Griffin) com seu direcionamento nas dinâmicas constitucionais ou de mecanismos ou padrões de julgamentos criados no "Judicial Review" norte-americano.

2. A Democracia Heterogênea de Sunstein

O objeto principal de Cass R. Sunstein é de compreender as conseqüências de uma sociedade fragmentada como a que se desponta, atualmente, no processo norte-americano. Assim, o autor avança num detalhamento de estudar essa heterogeneidade através de grupos[16]. A justificativa para essa reflexão é no sentido de evitar, por exemplo, os seus insulamentos. Isto é, as formas de enclaves ou de extremismos resultantes. Ou melhor afirmando, o seu propósito firma-se numa busca pelo aperfeiçoamento do processo deliberativo ao dar voz a todos os grupos.

Nesse quadro, o governo não pode significar, meramente, uma máquina agregativa na qual predominaria uma mera soma de desejos das pessoas e passíveis, por

---

16. É interessante notar que, no texto nº10 da obra O *Federalista* já se destaca esse conceito de facção. Gargarella (op. Cit.) lembra, no entanto, as dificuldades de entender o que significaram as facções. Para esse estudioso, no final do século XVIII, seriam as maiorias existentes nos estados. Contudo, hoje segundo, ainda Gargarella, corresponderia a minorias. Sunstein prefere grupo do que facções e, também, abandona a noção de partidos políticos ao não estudá-los.

conseqüência, ser traduzidos juridicamente. O governo deve ser fundamentado, dessa forma, em razões e argumentos cuja democracia se caracteriza por uma "moralidade interna". Esta requer a proteção de muitos direitos individuais incluindo, entre outros: o direito de livre expressão; o direito ao voto; ao direito de igualdade, etc.[17] Para tanto, lembra Sunstein que uma constituição de natureza democrática não pode estar limitada a tradições. É necessário equilibrá-la numa perspectiva à frente com o seu passado[18]. A Constituição, por conseguinte, revela o seu caráter, eminentemente, pragmático. Há, também, nessa direção, uma distancia entre a normatividade constitucional e o que a justiça requer. Não é o propósito da Constituição, segundo Sunstein, construir uma sociedade justa.

Além de combater os aspectos da mídia e da internet como meios para materializar o já referido insulamento (ou processos de enclaves ou extremismos) dos grupos, há outro ponto a ser mencionado por nós no pensamento de Sunstein. É no sentido de respondermos aos nossos questionamentos iniciais no nível de avaliar qual o papel da Constituição ou de mecanismos institucionais para uma sociedade polarizada (insulada). Direciona o autor:

---

17. Sunstein, op. cit. pág. 7. Aliás, o autor está seguindo as linhas gerais do debate da democracia deliberativa que reconhece o esgotamento atual dessa democracia, meramente, agregativa.
18. Idem. Nesse ponto, Sunstein traduz uma outra preocupação a respeito da intenção original. Vide os comentários iniciais do nosso texto de Richard S. Kay.

"A mais simples lição aqui envolve a necessidade de <u>desenhar boas instituições,</u> através da Constituição e do outro modo. Instituições podem bem ser desenhadas para assegurar que quando as mudanças estão ocorrendo, não é por causa do arbitrário ou ilegítimo constrangimento de acessíveis ordens de argumentos. Isto é uma tarefa central do desenho constitucional. <u>Um sistema de freios e contrapesos pode por si mesmo ser defendido,</u> não com um limite à vontade do povo, mas como um esforço para proteger contra potenciais odiosas conseqüências do grupo de discussão." (O destaque é nosso)[19].

Com a leitura desse trecho da obra de Sunstein é fácil denotar a natureza positiva para o processo deliberativo de mecanismos como o de freio e contrapesos. Assim, esse constitucionalista defende o sistema bicameral norte-americano, freqüentemente, desafiado pelos "fundamentos populistas"[20].

Quanto ao "Judicial Review", Sunstein pontua que "um de meus principais temas que tem envolvido o uso criativo do Poder Judiciário, não simplesmente para "bloquear" a democracia para energizá-la e fazê-la mais deliberativa"[21].

Cabe, agora, indagar, independentemente dessa análise de democracia heterogênea (via grupos), a análise de

---

19. Sunstein, pág. 43. Nessa mesma linha, encontra-se as observações já citadas por nós a respeito do papel da constituição de Stephen Holmes.
20. Idem.
21. Sunstein, op. cit. pág. 241.

mecanismos institucionais ou de Constituição com base na leitura da obra de Griffin seria coincidente com a de Sunstein?

3. A Democracia de Direitos de Stephen M. Griffin

Griffin esboça que a sociedade americana no século XX foi sacudida de modo irreversível pelo movimento dos direitos civis. Esse processo resultou num quadro radical cujo seu maior legado não é de "uma rede de princípios fundamentados na teoria da justiça, mas sim, de um sistema de arenas democratizadas prontas para decidir politicamente, em matérias concretas de direitos"[22]. Portanto, para esse estudioso não se trata de um distanciamento entre a Constituição e o que a justiça requer (Sunstein). É sim, para Griffin, o processo democrático prevalece e antecede uma discussão da magnitude com o da teoria da justiça.

Para tanto, a leitura do texto do citado defensor de uma democracia de direitos é de ressaltar a responsabilidade de todos os ramos do governo, inclusive do "Judicial Review"[23]. Nessa direção, a fundamental ponte de uma democracia revela-se no rumo de alcançar de forma bem sucedida a criação e a efetivação dos básicos direitos civis. A análise de Griffin culmina, nessa ordem, em relação ao "Judicial Review" fulminando-o como simplesmente uma instituição adicional que pode contribuir

---

22. Griffin, versão definitiva, pág. 313.
23. Versão preliminar, pág. 13.

ou não para atingir esse objetivo[24]. Diante desse quadro de menor relevância para a Jurisdição Constitucional norte-americana, o referido estudioso ataca, também, como insuficiente, a teoria legitimadora da função do "Judicial Review" via a tradicional perspectiva contramajoritária. Defende Griffin que, para compreender, em especial, o papel da Corte Suprema os Estados Unidos deve-se caminhar num processo dentro do espírito de uma teoria democrática. Não se trata de examiná-la numa linha redutiva de uma supremacia judicial e sim, como o Judiciário atua ou não para a predominância da deliberação pública.

Ao estudar empiricamente decisões a respeito da proteção de igualdade, Griffin conclui que "a Corte tem sistematicamente desempenhado um papel institucional conquistado esse pela sociedade americana não simplesmente por mero processo político, mas por uma original dinâmica democrática corporificando uma forma de deliberação superior a "que ele, o Judiciário, pode oferecer"[25].

Como a Corte Suprema tem agido nessa sistemática de destruir os avanços dos direitos civis? Griffin destaca, no julgamento, por exemplo, de determinados casos de proteção da cláusula igualdade, o problema dos "standards" de classificação para avaliar por parte da Corte Suprema a constitucionalidade das leis asseguradoras dos direitos civis aprovados pelo Congresso norte-americano. Padrões esses que o referido autor estudou por

---

24. Griffin, versão preliminar, pág. 30.
25. Griffin, versão definitiva, pág. 301.

nós acredita, totalmente, inapropriado[26]. Além desse processo classificatório de padrões, Griffin menciona que a Corte Suprema em certos casos como do "Religious Freedom Restoration Act" do Congresso Norteamericano julgando-a "como excessiva e desproporcional ao impor a outros níveis do governo a questão da liberdade religiosa".

Basicamente, acreditamos que, com o exame de Sunstein e de Griffin, respondemos a um dos questionamentos a respeito da interface da constituição ou de mecanismos institucionais em relação a democracia deliberativa. Para nós, relembramos que os freios e contrapesos apresentam uma natureza positiva e cabendo ao "Judicial Review" a sua função de oxigenar o processo político. Para outro constitucionalista, pelo contrário, além de ter um papel menor, a Jurisdição Constitucional via procedimentos específicos destrói não só a democracia de direitos, ao limitar a própria deliberação pública. Seria impeditivo para uma verdadeira política jurisgenerativa como a idealizada por Frank Michelman já destacada por nós. Indagamos, para responder o outro de nosso questionamento, qual o modelo que prevaleceria em relação à sociedade brasileira.

---

26. Vide, versão definitiva de Griffin, pág. 313 e o verbete "Strict Scrutiny" in *The Oxford Companion to the Supreme Court of the United States* (ed. Kermit L. Hall). Oxford. Oxford University Press. 1992. Esses "Standards" já assinalam a necessidade de um critério de razoabilidade para uma determinada justificativa e aplicação de uma política afirmativa de direitos, sem a qual ela será, de antemão, inconstitucional. É óbvio que o Poder Legislativo passa ter um parâmetro prévio quando aprova certas ordens normativas garantidoras de direitos civis.

4. Aplicação de Modelos de Democracia Deliberativa no Brasil

Não realizamos, infelizmente, uma investigação exaustiva e empírica como a procedida por Griffin a respeito da proteção da igualdade na Corte Suprema[27]. Entretanto, escolhemos para uma reflexão bem pontual a seguinte recente decisão prolatada pelo STF:

"Escolha de Delegado e Participação Popular — Julgado procedente o pedido formulado na inicial de ação direta ajuizada pelo Governador do Estado do Rio de Janeiro para declarar a inconstitucionalidade do das alíneas b e c do §4º do atual art. 183 da Constituição, do mesmo Estado, que estabeleciam nas jurisdições policiais com sede nos municípios a escolha do delegado de policia por meio de voto unitário residencial, "representado pelo comprovante de pagamento de impostos predial ou territorial", bem como a possibilidade de destituição da autoridade policial "por força de decisão de maioria simples do Conselho Comunitário da Defesa Social do Município". O Tribunal considerou caracterizada a contrariedade ao principio da separação dos poderes dado que os dispositivos impugnados, ao preverem a co-participação

---

[27]. Apesar de faltar essa análise detida, remetemos para a importante pesquisa "Os Julgamentos do Supremo Tribunal Federal: Vidações aos Direitos Constitucionais e Ilegitimidade Política" in *Democracia & Mundo do Trabalho*, págs. 119 a 159 (cópia) de autoria Carlos Alberto Colombo.

popular no exercício do poder em hipótese não prevista na CF, restringiram a competência jurídico-administrativa do Governador do Estado, a quem se subordinam as polícias civis e militares (CF, art. 144, §6º: "As polícias militares e corpos de bombeiros militares, forças auxiliares e reserva do Exército, subordinam-se, juntamente com as polícias civis, aos Governadores dos Estados, do Distrito Federal e dos Territórios.") ADI 244-RJ, rel. Min. Sepúlveda Pertence, 11.9.2002.[28]"

É patente que o nosso "Judicial Review" ao usar o princípio da separação dos poderes impediu que houvesse uma deliberação pública via "co-participação popular na escolha ou destituição do delegado de polícia de acordo com as alíneas b e c do §4º do artigo 183 da Constituição do Estado do Rio de Janeiro. Sem maiores dificuldades, ao responder que modelo podemos aplicar nessa margem geográfica topológica[29], é o de Griffin. Com uma total desenvoltura, o STF atua no sentido de impedir a deliberação pública.[30]

---

28. *Boletim Informativo* da STF, nº281, de 9 a 13 de setembro de 2002.

29. Ghetti, op. cit.

30. Tal comportamento é evidente, também, nas restrições, por exemplo, a respeito da natureza das entidades legitimadas para a propositura de ações de inconstitucionalidades. (art. 103, inciso IX da Constituição Federal de 1988).

5. Conclusão

Acreditamos que o trabalho foi bem sucedido ao estabelecer vinculações entre a estrutura constitucional e seus procedimentos/mecanismos e a democracia deliberativa (Sunstein/Griffin). Procuramos avançar, implicitamente, no papel da deliberação judiciária para avaliar a construção ou não de "arenas democráticas" (Griffin). Dessa forma, temos indício, como em sociedades periféricas, há semelhanças da atuação da Jurisdição constitucional em modelos centrais como o norte-americano. Griffin depara-se com a complexidade da jurisdição constitucional que somente pode ser compreendida por uma leitura crítica (Griffin). Por fim, os parâmetros de uma crença e interface entre a democracia deliberativa/jurisdição constitucional por si só são suficientes paraa dar conta do seu dinanismo jusgenerativo (Michelman e Cristina Queiróz).

Bibliografia

BESSETTE, Joseph M. *The Mild Voice of Reason. Deliberative Democracy & American National Government*. Chicago. The University of Chicago Press. 1997.

COLOMBO, Carlos Alberto. "Os julgamentos do Supremo Tribunal Federal: Violações aos Direitos Constitucionais e Ilegitimidade Política" in *Democracia & Mundo do Trabalho*; págs. 119 a159. (Cópia sem menção de edição e ano).

ELKIN, Stephen L. "Constitutionalism: Old and New". págs. 20 aa 37. In: *A New Constitutionalism Designing Political Institutions for a Good Society*. Organizado por Stephen L. Elkin e Karol Edward Soltan. Chicago. The University of Chicago Press. 1999.

GARGARELLLA, Roberto. *Crisis de la Representación Política*. México, DF. Distribuiciones Fontamara S.A. 1997.

GHETTI, Pablo. *Às margens da Deliberação: Notas sobre uma Política Deliberativa por vir* (mimeo).

GRIFFIN, Stephen M. "Judicial Supremacy and Equal Protection in a Democracy of Rights" in *Journal of Constitutional Law*. University of Pennsylvania: vol. 4, January 2002, number 2; 281:313. Foi utilizado, também a versão preliminar (mimeo.2000).

HOLMES, Stephen. *Passions & Constraint on the Theory of Liberal Democracy*. Chicago. The University of Chicago Press. 1995.

KAY, Richard. S. "American Constitutionalism" in: *Constitutionalism (Philosophical Foundations)*. Organizado por Lany Alexander. Cambridge. Cambridge University Press. 1998.

MICHELMAN. "Law's Republic" in: *The Yale Law Journal*. (Vol. 97, number 8, july 1998). 1993: 1537.

QUEIRÓZ, Cristina. *Interpretação Constitucional e Poder Judicial. Sobre a Epistemologia da Construção Constitucional*. Coimbra Editora. 2000.

SUNSTEIN, Cass R. *Designing Democracy — What Constitution Do*. Oxford. Oxford University Press. 20001.

WHITTINGTON. *Constitutional Construction. Divided Powers and Constitutional Meaning*. Cambridge. Harvard University Press. 1999.

Outras Fontes Bibliográficas

The Oxford Companion to the Supreme Court of the United States. (Ed. Kermit L. Hall). Oxford. Oxford University Press. 1992.

Informativo do STF. N° 281 de 9 a 13 de setembro de 2002.

Democracia Deliberativa. Trabalho coletivo (mimeo) do Grupo de Pesquisa em Direito e Democracia a ser publicado na revista do Departamento de Direito da PUC-Rio, *Direito, Estado e Sociedade*. N° 19 (Ago/dez: 2001) 180:219.

Ação Direta de Inconstitucionalidade e seu efeito vinculante: Uma análise dos limites objetivo e subjetivo da vinculação

Bianca Stamato Fernandes

Introdução

Recente julgamento do Supremo Tribunal Federal proferido na ADI (MC) 2405-RS, relator Ministro Ilmar Galvão, reconheceu a constitucionalidade do art. 28, parágrafo único, da Lei nº 9.868/99[1], que atribui o cha-

---

1. O dispositivo legal em questão tem a seguinte redação "Art. 28 Dentro do prazo de dez dias após o trânsito em julgado da decisão, o Supremo Tribunal Federal fará publicar em seção especial do Diário Oficial da União a parte dispositiva do acórdão. Parágrafo único A declaração de constitucionalidade ou de inconstitucionalidade, inclusive a interpretação conforme a Constituição e a declaração parcial de inconstitucionalidade sem redução de texto, têm eficácia contra todos e efeito vinculante em relação aos órgãos do Poder Judiciário e à Administração Pública federal, estadual e municipal.

mado efeito vinculante às decisões proferidas nas ações diretas de inconstitucionalidade, apesar do silêncio do Poder Constituinte Originário.

É interessante conferir excerto da transcrição do julgamento publicada no informativo número 289: "e declarou a constitucionalidade do parágrafo único do art. 28 da Lei n° 9.868/99. Considerou-se que a ADC consubstancia uma ADI com sinal trocado e, tendo ambas caráter dúplice, seus efeitos são semelhantes. Vencidos os Ministros Moreira Alves, Ilmar Galvão e Marco Aurélio, que declaravam a inconstitucionalidade do mencionado dispositivo por ofensa ao princípio de separação de Poderes."

Fixado, uma vez, que o efeito vinculante atribuído às decisões proferidas em ação direta de inconstitucionalidade não fere o princípio da separação de poderes e o princípio democrático, a grande indagação que resta é a seguinte: qual a natureza do efeito vinculante no sistema de controle de constitucionalidade brasileiro?: trata-se de mera qualificação do efeito *erga omnes* dirigida aos outros órgãos do Judiciário e ao Administrador ou trata-se de inclusão do sistema de precedentes no controle concentrado de constitucionalidade? A distinção é de capital importância, porquanto implica a limitação ou não do legislativo, órgão dotado de maior legitimidade democrática do que o Judiciário. Não se trata, na presente oportunidade, de tangenciar a tormentosa questão acerca da dificuldade contra-majoritária do controle de constitucionalidade exercitado por um órgão judicial, mas sim de fixar o significado e o alcance do chamado efeito vinculante. Para tal, é preciso, em um primeiro momento, analisar as características dos dois grandes modelos de controle jurisdicional de constitucionalidade, já que o sistema brasileiro é misto, sendo tributário de ambos. Em seguida, deve-se extrair da história constitucional republicana[2] o significado a ser atribuído ao efeito vinculante. Por último, é importante trazer a colação o entendimento esposado pela doutrina e a inclinação do próprio Supremo Tribunal Federal para, enfim, atingir uma resposta adequada ao sistema brasileiro.

O modelo americano e o modelo austríaco

Como é assente, o "judicial review" norte americano ou controle difuso de constitucionalidade foi forjado a partir da solução de um caso concreto[3] pela decisão de lavra do "Chief-Justice" Marshall, não obstante a inexistência de previsão no texto Constitucional. A decisão de Marshall estava inserida no esquema do *stare decisis*[4] ou

---

2. O controle de constitucionalidade pelo Judiciário foi implantado no Brasil com a República, através da recepção do instituto do "judicial review" norte-americano.
3. Caso Marbury v. Madison, de 1803. Ver íntegra da decisão em Decisões Constitucionais de Marshall. Tardução de Américo Lobo. Brasília: Ministério da Justiça, 1997.
4. É interessante ver o verbete: "Literally, "Let the decision stand"; the doctrine to uphold precedents. It means that in similar cases, past judicial decisons should be accepted as the authorities. Greenberg, Ellen. Supreme Court Explained. New York, London: W. W Norton & Company. 1997 p. 53.

do "precedente"[5] típico do sistema de "common-law"[6], segundo o qual os tribunais e juizes inferiores ficam adstritos ao julgamento precedente, ou melhor, todo o teor da sentença passa a vincular os órgãos inferiores do judiciário nos casos supervenientes.

Por outro giro, o controle de constitucionalidade austríaco ou concentrado, engendrado por Hans Kelsen e estabelecido na Constituição Austríaca de 1920 estava inserido no contexto romano-germânico, onde não tem cabida o sistema de precedentes. É por essa razão, inclusive, que Kelsen entendeu que não era aconselhável a recepção do controle difuso de constitucionalidade pois a faculdade de todo e qualquer juiz avaliar a constitucionalidade de uma lei sem estar vinculado ao sistema de precedentes importaria em alto grau de insegurança jurídica. Portanto, para Kelsen era mais conveniente dotar apenas um único órgão com competência para avaliar a compatibilidade das leis para com a Constituição, que o

---

5. Vale trazer o seguinte verbete: "A Court decision in an earlier case with facts and law similar to those in a dispute currently before a court. Precedent will ordinarily govern the decision of a later case, unless a party can show that the case was wrongly decided or that it differed in some significant way from the current case. Greenberg, Ellen. Supreme Court Explained. New York, London: W. W Norton & Company. 1997, p. 44.

6. Não é demasiado trazer este último verbete: "The legal system that originated in England and is now in use in the United States. It's based on judicial decisions (precedents) rather than legislative action(statutes). Law that has been enacted by a legislature takes precedent over common law. Greenberg, Ellen. Supreme Court Explained. New York, London: W. W Norton & Company. 1997, p. 21.

faria em caráter abstrato e definitivamente, de modo a que sua decisão tivesse efeito *erga omnes*, ou melhor, a declaração acerca da constitucionalidade e da inconstitucionalidade tivesse aplicação indistinta a todos. A esse respeito confiram-se as palavras de Kelsen:

"Las imperfecciones y la insuficiencia de una anulación limitada al caso concreto son evidentes. Sobretodo la falta de unidad de las soluciones y la inseguridad que desagradablemente se hacen sentir cuando un tribunal se abstiene de aplicar un reglamento, o incluso, una ley por irregulares, mientras que outro tribunal hace lo contrario prohibiéndose a las autoridades administrativas, cuando son llamadas a intervir, a rehusar su aplicación. La centralización del poder para examinar la regularidad de las normas generales, se justifica ciertamente en todos los aspectos. Pero si se resuelve en confiar este control a una autoridad única, entonces es posible abandonar la limitación de la anulación para el caso concreto en favor del sistema de la anulación total, es decir, para todos los casos en que la norma hubiera tenido que ser aplicada[7]."

Como se vê, o efeito vinculante é próprio do sistema difuso do controle de constitucionalidade na tradição do "common Law". Costuma-se dizer que ele vincula todo o conteúdo da sentença. Isso se dá porquanto a questão

---

[7]. La Garantía Jurisdiccional de la Constitución (La Justicia Constitucional) Cuidad Universitaria: Universidad Autónoma de México, 2001, p. 44.

acerca da constitucionalidade é examinada no bojo de um caso concreto sob a natureza de questão prejudicial. Trata-se de controle incidental de constitucionalidade, cuja decisão não integra o dispositivo da sentença ou acórdão, mas faz parte apenas da fundamentação. É por isso que diz-se que o efeito vinculante está ligado ao corpo todo da sentença e não apenas ao dispositivo, uma vez que essa parte da decisão está relacionada com a lide na qual subjaz a questão da inconstitucionalidade de lei.

Por seu turno, o efeito *erga omnes* é inerente ao controle concentrado cuja ação é instrumentalizada por meio de um processo objetivo, no qual, como é sabido, não há lide, não há partes. Trata-se de ação cujo único escopo é a verificação da compatibilidade de uma norma *in abstracto* com a Constituição. Nesse caso, o dispositivo da decisão é que tem aplicação *erga omnes*, pois tal dispositivo está relacionado com a questão acerca da constitucionalidade. Como, no sistema concentrado, aos juízes de carreira não é permitido deixar de aplicar uma lei por inconstitucional antes do pronunciamento pela Corte Constitucional, o efeito *erga omnes* é necessário para fazer afastar a aplicação da norma regularmente pronunciada[8] inconstitucional.

Segundo Alfonso Ruiz Miguel:

"La visón más extendida en este último punto viene a diferenciar entre el sistema americano y el europeo de la seguiente manera: mientras en el sistema ame-

---

8. Utiliza-se o termo "pronunciada" para deixar claro que não se trata de declaração, mas sim de provimento constitutivo, para manter o raciocínio fiel à lógica de Kelsen.

ricano la fuerza erga omnes se produce en toda sentencia del Tribunal Supremo (al igual que en las de cualquier outro tribunal, respecto de los inferiores) como derivación del valor de precedente que su justificación adquiere para ulteriores casos similares, en cambio, en el sistema austriaco, la fuerza erga omnes se predica únicamente, como mero efecto de la cosa juzgada y, com independencia de los fundamentos, sólo del fallo de las sentencias declaratorias de la inconstitucionalidad de una ley, esto es, no en las declaratorias de la constitucionalidad ni, en la variante germana y espanõla, en la resolución de recursos individuales en amparo de derechos fundamentales."[9]

Ambos os efeitos, *erga omnes* e vinculante, são mecanismos cuja finalidade é dotar o sistema de controle de constitucionalidade de maior segurança, evitando que diferentes órgãos do Judiciário, na sua atividade de aplicação das leis frente a Constituição, manifestem-se de maneira contraditória. Merece destaque o escólio de Mauro Cappelletti:

"Com efeito, o sistema austríaco tem, além do caráter "constitutivo", também caráter "geral", ou seja, dá origem a uma anulação que não obstante com eficácia retroativa, mas ex nunc ou pro futuro, opera, porém, erga omnes, pelo que se fala, precisamente de uma Allgemeinwirkung ("eficácia geral"). A lei,

---

9. Modelo Americano y Modelo Europeo de Justicia Constitucional Revista Doxa, Alicante, 2000, p. 147.

em outras palavras, uma vez sobrevindo o pronunciamento de inconstitucionalidade, torna-se ineficaz para todos, do mesmo modo como se tivesse sido ab-rogada por uma lei posterior; e entram, de novo, em vigor — salvo se em sentido contrário dispuser a Corte Constitucional — aquelas disposições legislativas que pré-existiam à lei inconstitucional (art. 140, secção 4, da Constituição Austríaca).
Justamente o contrário (como se teve ocasião de precisar antes) acontece com o sistema norte-americano e, igualmente, nos sistemas que o imitaram, como, por exemplo, no japonês; e o mesmo pode-se dizer, até em sistemas totalmente originais, como no sistema mexicano, segundo o "princípio de la relatividad" correspondente a chamada "formula de Otero". Em todos os sistemas, de fato, a regra fundamental é a de que o juiz deve limitar-se a não aplicar a lei inconstitucional ao caso concreto; pelo que o controle judicial da constitucionalidade das leis não tem, como na Áustria, eficácia geral, erga omnes, mas só eficácia especial, inter partes, isto é, limitada ao caso concreto ("Individualwirkung") — embora seja verdadeiro que esta característica é, depois, em boa parte, eliminada nos Estados Unidos (especialmente quando se trata de controle exercido pela Supreme Court), por força do princípio do stare decisis,(...)[10]

Releva mencionar que os dois modelos estão sofrendo um movimento de aproximação no que toca à ampli-

---

10. O Controle de Constitucionalidade das Leis no Direito Comparado. Porto Alegre: Sergio Antonio Fabris Editor, 1984, p. 118.

tude da decisão acerca da inconstitucionalidade. É que os modelos de controle concentrado atualmente não comportam apenas a decisão acerca da inconstitucionalidade, mas também provimentos de caráter interpretativo, típicos de uma atividade criativa por parte do Judiciário, como a interpretação conforme a Constituição e o recurso de amparo, que visa garantir a efetividade dos direitos fundamentais. Nesses casos o que importa não é tanto o resultado da análise acerca da compatibilidade da lei com a Constituição, mas sim a interpretação que foi dada pela Corte Constitucional a determinada cláusula constitucional[11]. Nesses casos passou-se a utilizar o mecanismo do *stare decisis* para vincular órgãos inferiores às opção interpretativas dadas pelas Corte Constitucionais. A esse respeito é a análise Alfonso Ruiz Miguel:

> "El resultado natural de este proceso há sido la progresiva introducción en el sistema europeo de un sistema de precedente, en especial respecto de las decisiones de los tribunales constitucionales, cada vez menos diferenciable del próprio *common law*. El ultimo y más completo eslabón en este proceso de consolidación del princípio del stare decisis constitucional lo ofrece, me parece, el artículo 5.1. de la Ley Orgánica del Poder Judicial española, aprobada en 1985, que dice: "La Constitución es la norma supre-

---

11. Confira-se a redação do § 31 da Lei Orgânica da Corte Constitucional: "(1) Las resoluciones de la Corte Constitucional Federal son vinculantes para los órganos constitucionales de la Federación y de los Estados Federados y para todos los tribunales y todas las autoridades."

ma del ordenamiento jurídico, y vincula a todos los Jueces y Tribunales, quienes interpretarán y aplicarán las leyes y los Reglamentos según los preceptos y princípios constitucionales, conforme a la interpretación de los mismos que resulte de las resoluciones dicatadas por el Tribunal Constitucional en todo tipo de procesos; y obséverse que esta referencia final a "las resoluciones en todo tipo de procesos" parece conducir a considerar doctrina aplicable la de cualquier sentencia, sea favorable o contraria al acogimiento de la inconstitucionalidad, e incluyendo tambiém las que resuelven recursos de amparo[12]."

Entretanto, a aproximação dos efeitos subjetivos da decisão sobre a constitucionalidade ou inconstitucionalidade das leis em ambos os modelos não significa, para o sistema do controle concentrado que o Legislador esteja vinculado às decisões proferidas pelo Poder Judiciário, restando impedido de promulgar lei de igual teor. Vale trazer, mais uma vez. O escólio de Alfonso Ruiz Miguel:

"Es verdad que una diferencia que todavía subsiste en alguna medida entre el modelo americano y el europeo reside en el efecto de expulsión del ordenamiento jurídico de la norma declarada inconstitucional que se produce en el segundo, efecto que se relaciona com la mayor irreversibilidad de tal tipo de decisiones en esse modelo. Ahora bien, esta diferencia, que es inegable en el plano formal, podría ser

---

12. Modelo Americano y Modelo Europeo de Justicia Constitucional Revista Doxa, Alicante, 2000, p. 150.

mucho más tenue en el plano de la realidad, y tanto porque en el modelo americano los criterios constitucionales consolidados por el Tribunal Supremo tienen de hecho una vinculatoriedad muy fuerte para los órganos del Estado, incluidos los legisladores, como porque en el sistema europeo no está tan claro, aunque es asunto discutido y abierto, que la expulsión de una norma por inconstitucional tenga o deba tener un carácter tan irreversible como para excluir la aprobación futura de una norma igual o similar[13]."

Evolução do controle judicial da constitucionalidade no Brasil

Como é sabido, o controle judicial da constitucionalidade é contemporâneo à implantação da forma Republicana de governo no Brasil. Sob a nítida influência da doutrina constitucional norte-americana deu-se a recepção do instituto do "judicial review". Portanto, na sua origem, nosso controle de constitucionalidade seguiu o modelo difuso.

Pode-se encontrar a sua formulação, segundo José Afonso da Silva[14] já no art. 59, parágrafo primeiro do Decreto número 510, de 22/06/1890, que teria sido uma adaptação do "Writ of error" previsto no Judiciary

---

13. Modelo Americano y Modelo Europeo de Justicia Constitucional Revista Doxa, Alicante, 2000, p. 150.
14. Tribunais Constitucionais e Jurisdição Constitucional. Belo Horizonte: Revista Brasileira de Estudos Políticos, janeiro/julho 1985, p. 507.

Act de 1789. Em 1891, com a promulgação da primeira Constituição Republicana, a jurisdição constitucional passou a ser positivado. Confira-se a redação:

"Art. 59. Ao Supremo Tribunal compete:
(...)
§1 Das sentenças das justiças dos Estados em ultima instancia haverá recurso para o Supremo Tribunal Federal:

a) quando se questionar a validade ou applicação de tratados e leis federaes, e a decisão do Tribunal fôr contra ella;
b) quando se contestar a validade de leis ou de actos dos governos dos Estados em face da Constituição, ou das leis federaes, e a decisão do tribunal do Estado considerar válidos esses actos, ou essas leis impugnadas."

Mais tarde, em 1894, a Lei nº 221, estabeleceu, em seu art. 13, § 10 que "os juízes e tribunais apreciarão a validade das leis e regulamentos e deixarão de aplicar aos casos ocorrentes as leis manifestamente inconstitucionais e os regulamentos manifestamente incompatíveis com as leis ou a Constituição. Posteriormente, com a Emenda Constitucional de 3 de setembro, que alterou o art. 60, § 1, "Das sentenças das justiças dos Estados em ultima instancia haverá recurso para o Supremo Tribunal Federal: a) quando se questionar sobre a vigência, ou a validade das leis federaes em face da Constituição e a decisão do Tribunal do Estado lhes negar applicação; b) quando se contestar a validade de leis ou de actos dos governos dos Estados em face da Constituição, ou das leis federaes, e a decisão do tribunal do Estado considerar válidos esses actos, ou essas leis impugnadas." Sucede que as decisões acerca da inconstitucionalidade ou constitucionalidade de leis proferidas em grau de recurso extraordinário pelo Supremo Tribunal Federal possuíam apenas efeitos *inter partes*, já que o mecanismo do *stare decisis* não é próprio do sistema romano-germanico. Esse foi o grande problema da adoção do sistema difuso de controle de constitucionalidade pelo Brasil. Nesse diapasão veja-se a lição de Lenio Luiz Streck:

"O maior problema de nossa embrionária forma de controle decorria do fato de que não havia como dar efeito *erga omnes* e vinculante às decisões do Supremo Tribunal Federal. Explicando: nos Estados Unidos, modelo que nos inspirou, vige o sistema jurídico denominado *common law*, onde, através da doutrina do *stare decisis*, cada decisão da *Supreme Court* tem efeito vinculante. Observe-se que o *stare decisis* é regra costumeira, na medida em que não consta nem na Constituição e nem nos *statutes* (leis escritas). Assim, se a *Supreme Court*, ao examinar um recurso — porque somente por recurso um case de índole constitucional chega até lá, pela inexistência do controle concentrado de constitucionalidade — decidir que determinada lei ou dispositivo de lei é inconstitucional, pela regra *stare decisis* nenhum juiz ou tribunal inferior poderá voltar a aplicar tal lei ou dispositivo. Estará, pois, vinculado ao *precedent*, mecanismo cujo funcionamento já foi delineado em capítulo específico.

No nascedouro da República, pois, embora praticantes do modelo de direito romano-germânico, optamos pelo controle difuso de constitucionalidade, *sem qualquer mecanismo que estendesse o efeito da decisão para o restante da sociedade*. Ou seja, formal e tecnicamente, a decisão do Supremo Tribunal Federal acerca da inconstitucionalidade de um ato normativo, até o ano de 1934, ficava restrito às partes contendoras. Mesmo que o STF, apreciando recurso extraordinário, julgasse inconstitucional uma lei, qualquer outro juiz ou tribunal poderia continuar a aplicá-la, exatamente pela ausência de um mecanismo que fizesse com que a decisão do Supremo Tribunal alcançasse todo o sistema jurídico[15]."

Entretanto, Segundo Rui Barbosa, ao comentar a Constituição Federal Brasileira de 1891, o nosso método de controle da constitucionalidade estaria dotado de efeito vinculante, ou melhor, os tribunais e juízes inferiores deveriam obediência à decisão ao à fundamentação do Supremo Tribunal Federal. Todavia, não havia qualquer determinação expressa na Constituição ou em lei quanto à aplicação do mecanismo dos precedentes que sempre foi estranho à nossa cultura jurídica.

Somente com o advento da Constituição de 1934 é que as decisões do Supremo Tribunal Constitucional passaram a ter a possibilidade de receber eficácia *erga omnes* através de suspensão de execução da lei declarada

---

15. Jurisdição Constitucional e Hermenêutica. Uma Nova Crítica do Direito. Porto Alegre: Livraria do Advogado Editora, 2002, p. 341.

inconstitucional pelo Senado Federal. Segundo José Afonso da Silva:

"De fato, a Constituição de 1934, mantendo as regras do critério difuso em seu art. 76, a e b, contudo, três inovações importantes: a) criou no seu art. 12, §2, um modo de exercício direto de controle, que logo passou a denominar-se ação direta de inconstitucionalidade, visando a defender, contra atos estaduais, os princípios constitucionais, especificados no seu art. 7, inciso I, letras a e b, e sendo julgada procedente a ação, o governo federal poderia intervir no Estado; b) estabeleceu, no seu art. 179, que, só por maioria absoluta de votos da totalidade dos seus juízes, poderiam os tribunais declarar a inconstitucionalidade de lei ou ato do poder público; c) a terceira inovação de importante conseqüência teórica e prática vinha no art. 91, inciso IV, que atribuía ao Senado Federal competência para "suspender a execução, no todo ou em parte, de qualquer lei, ou ato, deliberação ou regulamento, quando hajam sido declarados inconstitucionais pelo Poder Judiciário.
Essas três inovações se incorporaram definitivamente no direito constitucional brasileiro.[16]"

A Constituição de 1937, em razão de seu cunho autoritário, manteve o controle difuso de constitucionalidade e a reserva de plenário para a decisão acerca da

---

16. Tribunais Constitucionais e Jurisdição Constitucional. Belo Horizonte: Revista Brasileira de Estudos Políticos, janeiro/julho 1985, p. 509.

inconstitucionalidade das leis pelos Tribunais. Foi silente quanto à ação direta de inconstitucionalidade e flexibilizou a garantia de constitucionalidade pelo Poder Judiciário, pois previu a possibilidade de o Legislativo, mediante quórum qualificado, confirmar lei declarada inconstitucional[17].

A Constituição de 1946, por um lado, significou a retomada do sistema implantado pelo Constituição de 1934, prevendo a jurisdição constitucional pelo método difuso no art. 101, III, b e c, através do denominado recurso extraordinário. A ação direta de inconstitucionalidade, prevista no art. 8, passou a ser conhecida como "ação direta interventiva", admissível, conforme José Afonso da Silva "somente para o fim de defesa dos princípios constitucionais contra atos do poder público estadual."

Por outro lado, a EC n° 16, de 06/12/65, trouxe duas inovações:

"Sob ela, duas outras novidades foram introduzidas na sistemática da jurisdição constitucional brasileira, por meio da Emenda Constitucional n° 16 de 06-12-

---

[17] "Art. 96 Só por maioria absoluta de votos da totalidade dos seus juízes poderão os tribunais declarar a inconstitucionalidade da lei ou de ato do Presidente da República. Parágrafo único. No caso de ser declarada a inconstitucionalidade de uma lei que, a juízo do Presidente da República, seja necessária ao bem estar do povo, à promoção ou defesa do interesse nacional de alta monta, poderá o Presidente da República submetê-la novamente ao exame do Parlamento; se êste a confirmar por dois terços de votos em cada uma das Câmaras, ficará sem efeito a decisão do Tribunal."

1965, que criou a nova modalidade de ação direta de inconstitucionalidade, de caráter genérico, ao atribuir competência ao Supremo Tribunal Federal para processar e julgar originariamente a representação contra inconstitucionalidade da lei ou ato de natureza normativa, federal ou estadual, encaminhada pelo Procurador Geral da República (art. 2, letra k), e estatuiu que a lei poderia estabelecer processo, de competência originária do Tribunal de Justiça, para declarar a inconstitucionalidade de lei ou ato Município, em conflito com a Constituição estadual. Esta última disposição não foi repetida, no mesmo sentido, na Constituição de 1967 nem em sua Emenda nº 1, de 1969, que é a Constituição ora em vigor.[18]"

Como se depreende, a Constituição de 1946, modificada pela EC nº 16/95 (fruto do regime militar)[19] sig-

---

18. Tribunais Constitucionais e Jurisdição Constitucional. Belo Horizonte: Revista Brasileira de Estudos Políticos, janeiro/julho 1985, p. 511.
19. É interessante o comentário de Lenio Luiz Streck sobre o aparente paradoxo de a instauração do controle concentrado de constitucionalidade ter se dado, no Brasil, durante regime ditatorial: "Para alguns pode parecer um paradoxo o fato de o regime militar, em 1965, ter introduzido o controle concentrado de constitucionalidade. Ou seja, aquilo que duas Constituições anteriores, frutos de processos constituintes, não fizeram, o regime autoritário fez. Para Clèmerson Clève, o paradoxo está "no fato de a representação genérica de inconstitucionalidade ter sido instituída em nosso país pelo regime militar, especialmente porque esse mecanismo, contrariando a dinâmica de qualquer ditadura, presta-se admiravelmente para a proteção e garantia dos direitos fundamentais". Não vejo paradoxo no proceder do regime militar. Ao contrário, a preocupação dos militares era

nificou a introdução do modelo concentrado de jurisdição constitucional, inaugurando o sistema misto ou híbrido brasileiro, que prevê os dois métodos de controle de constitucionalidade, o difuso e o concentrado.

A Constituição de 1967 manteve o controle difuso de constitucionalidade e a ação direta interventiva. Segundo Lenio Luiz Streck "A Emenda nº 1, de 1969, fundamentada no malsinado Ato Institucional nº 5, não alterou o sistema de controle estabelecido pelo texto de 1967, a não ser na admissão do controle de constitucionalidade de lei municipal a ser feito pelo Tribunal de Justiça do Estado, em caso de violação de princípios sensíveis, para fins de intervenção do Estado no Município.[20]"

A Constituição Federal de 1988 foi promulgada sob a égide de um processo constituinte democrático, significando a retomada de uma ordem jurídica democrática e legítima. Além da manutenção do sistema difuso nos

---

justamente de estabelecer um mecanismo rápido e eficaz para evitar que juízes e tribunais, com pensamento democrático, mediante decisões no controle difuso de constitucionalidade, obstaculizassem ações do establishment. Não se deve esquecer que a Constituição de 1946, quando da aprovação da EC 16/95, longe estava de seu texto original. Além disso, o próprio regime preparava uma nova Constituição. Desse modo, o controle concentrado, naquele momento, representava um meio para manter o controle do sistema jurídico-judiciário, uma vez que, como se viu logo em seguida, o próprio Supremo Tribunal Federal sofreu pesadas baixas." Jurisdição Constitucional e Hermenêutica. Uma Nova Crítica do Direito. Porto Alegre: Livraria do Advogado Editora, 2002, p. 354-355.

20. Jurisdição Constitucional e Hermenêutica. Uma Nova Crítica do Direito. Porto Alegre: Livraria do Advogado Editora, 2002, p. 355.

termos do art. 102, III, a, b, c[21] e da ação direta interventiva[22], o Constituinte originário ampliou o rol de legitimados a impetrar a ação direta de inconstitucionalidade perante o STF, de acordo com o art. 103, incisos I a IX. O documento constitucional significou, portanto, no que concerne à jurisdição constitucional um movimento de abertura e democratização do acesso ao controle concentrado de constitucionalidade[23].

No parágrafo único do art. 102 foi prevista a argüição de descumprimento de preceito fundamental que restou inaplicável até a regulamentação legal instituída pela Lei n 9882, de 03/12/1999.

Além disso, o Constituinte Originário também previu instrumentos de concretização dos direitos funda-

---

21. "Art. 102 Compete ao Supremo Tribunal Federal, precipuamente, a guarda da Constituição, cabendo-lhe: (...) III — julgar, mediante recurso extraordinário, as causas decididas em única ou última instância, quando a decisão recorrida: a) contrariar dispositivo desta Constituição; b) declarar a inconstitucionalidade de tratado ou lei federal; c) julgar válida lei ou ato de governo local contestado em face desta Constituição."

22. Arts. 34, VII c/c 36, III.

23. Para Gustavo Binenbojm "Os ventos da redemocratização do país trouxeram consigo uma Assembléia Nacional Constituinte (1986-1988) e a promulgação de uma nova Lei Fundamental, a de 5 de outubro de 1988, batizada de "Constituição-cidadã". Resultado de um amplo e democrático debate que envolveu os mais diversos setores da sociedade brasileira, a nova Carta trouxe como grande inovação, em matéria de jurisdição constitucional, a desmonopolização da iniciativa para a deflagração do controle abstrato da constitucionalidade." A Nova Jurisdição Constitucional Brasileira. Legitimidade Democrática e Instrumentos de Realização. Rio de Janeiro: Renovar, 2001, p. 130.

mentais através do mandado de injunção (art. 5, LXXI) e da ação de inconstitucionalidade por omissão (art. 103, § 2º).

Por meio da EC nº 3, de 17/03/93, foi introduzida ao sistema brasileiro a ação declaratória de constitucionalidade, cujo objetivo maior é promover a segurança jurídica conferindo caráter absoluto à presunção de constitucionalidade das leis, que é relativa, através do instituto da coisa julgada. Na verdade, trata-se de mecanismo que visa coibir a atuação do controle de constitucionalidade pelo sistema difuso, evitando que a questão seja apreciada por instâncias inferiores. Trata-se de uma verticalização do controle de constitucionalidade e uma clara tendência de concentração do controle de constitucionalidade[24]. Essa Para Gilmar Ferreira Mendes a nova disposição constitucional acerca da jurisdição constitucional privilegiou o método concentrado em detrimento do difuso, chegando até mesmo a afirmar que nosso sistema não é mais misto, como nos modelos das constituições anteriores, que davam ênfase ao controle difuso:

> "A Constituição de 1988 reduziu o significado do controle de constitucionalidade incidental ou difuso, ao ampliar, de forma marcante, a legitimação para a propositura da ação direta de inconstitucionalidade (CF, art. 103), permitindo que, praticamente, todas

---

24. Por se tratar de manifestação do Poder Constituinte Derivado que interfere no equilíbrio vislumbrado pelo Constituinte Originário entre o controle difuso e o controle concentrado em nosso sistema que é misto, a referida emenda constitucional, ela própria, teve sua constitucionalidade questionada por meio de questão de ordem da ADECON nº 1-1 DF.

as controvérsias constitucionais relevantes sejam submetidas ao Supremo Tribunal Federal mediante processo de controle abstrato de normas. Convém assinalar que, tal como já observado por Anschütz ainda no regime de Weimar, toda vez que se outorga a um Tribunal especial atribuição para decidir questões constitucionais, limita-se, explícita ou implicitamente, a competência da jurisdição ordinária para apreciar tais controvérsias.

Portanto, parece quase intuitivo que, ao ampliar, de forma significativa, o círculo de entes e órgãos legitimados a provocar o Supremo tribunal Federal, no processo de controle abstrato de normas, acabou o constituinte por restringir, de maneira radical, a amplitude do controle difuso de constitucionalidade.

Assim, se se cogitava, no período anterior a 1988, de um modelo misto de controle de constitucionalidade, é certo que o forte acento residia, ainda, no amplo e dominante sistema difuso de controle. O controle direto continuava a ser algo acidental e episódico dentro do sistema difuso.

A Constituição de 1988 alterou, de maneira radical, essa situação, conferindo ênfase não mais ao sistema difuso ou incidente, mas ao modelo concentrado, uma vez que as questões constitucionais passam a ser veiculadas, fundamentalmente, mediante ação direta de inconstitucionalidade perante o Supremo Tribunal Federal[25]."

---

[25]. Controle Concentrado de Constitucionalidade. Comentários à Lei nº 9868, de 10-11-1999. São Paulo: Editora Saraiva, 2001, p. 63-64.

Assim, como trata-se de ação cujo escopo é uniformizar a questões constitucionais, atuando para dar um único sentido às decisões conflitantes em matéria de controle de constitucionalidade proferidas por juízes de instâncias inferiores[26], além de efeito *erga omnes*, como visto, típico do modelo concentrado de jurisdição constitucional recebeu o chamado efeito vinculante. Tal efeito é necessário diante da finalidade desta ação pois tem o condão de adstringir os demais órgãos do judiciário à declaração de constitucionalidade ou inconstitucionalidade da lei evitando que a controvérsia judicial acerca da aplicação de determinado dispositivo constitucional vá adiante. O efeito vinculante enseja reclamação contra o juízo recalcitrante.

Sucede que a Lei nº 9868/99, que regulamenta o processo e julgamento da ação direta de inconstitucionalidade e da ação declaratória de constitucionalidade perante o Supremo Tribunal Federal[27], pretendendo dar

---

26. A prova de existência de decisões conflitantes é condição de procedibilidade da presente ação conforme o art. 14, III, da Lei nº 9868/99: "Art. 14. A petição inicial indicará: I — o dispositivo da lei ou do ato normativo questionado e os fundamentos jurídicos do pedido; II — o pedido, com suas especificações; III — a existência de controvérsia judicial relevante sobre a aplicação da disposição objeto de ação declaratória."

27. Sobre a natureza dessa lei leciona Lenio Luiz Streck: "Recentemente, a Lei 9.868 estabeleceu o processo e o procedimento das ações diretas de inconstitucionalidade (modalidade genérica — ADIn) e para as ações declaratórias de constitucionalidade. A primeira indagação diz respeito à natureza jurídica desse texto normativo. Trata-se de uma norma processual ou de uma norma que trata da jurisdição constitucional? Buscando subsídios na legislação alieni-

igual tratamento às decisões proferidas nas duas ações, estendeu o efeito vinculante, conforme transcrito no início do presente trabalho, às decisões proferidas na ação direta de inconstitucionalidade, inclusive quando há interpretação conforme a Constituição e declaração parcial de inconstitucionalidade sem redução de texto[28].

---

gena, torna-se necessário lembrar que as Constituições da Alemanha, da Itália, da Espanha e de Portugal expressamente prevêem a elaboração de uma lei orgânica e o procedimento que deverá ser seguido pelo Tribunal Constitucional no exercício da jurisdição constitucional, mediante o controle de constitucionalidade. A Constituição do Brasil não fez qualquer previsão nesse sentido. A competência para a elaboração de leis federais está prevista no art. 22 da Carta Política, estando fixado que é da competência privativa da União legislar sobre direito processual. Não há previsão para estabelecer normas sobre jurisdição constitucional. Assim, tudo está a indicar que a Lei 9.868 não é uma simples regra de direito processual, e, sim, de algo novo no direito brasileiro, qual seja, a especificação do funcionamento da jurisdição constitucional. Desse modo, somente por emenda constitucional que estabelecesse a possibilidade de elaboração de uma lei se poderia tratar dessa matéria. Jurisdição Constitucional e Hermenêutica. Uma Nova Crítica do Direito. Porto Alegre: Livraria do Advogado Editora, 2002, p. 425-426.

28. Segundo Gilmar Ferreira Mendes "ainda que se não possa negar a semelhança dessas categorias e a proximidade do resultado prático de sua utilização, é certo que, enquanto na interpretação conforme à Constituição se tem, dogmaticamente, a declaração de que uma lei é constitucional com a interpretação que lhe é conferida pelo órgão judicial, constata-se, na declaração de nulidade sem redução de texto, a expressa exclusão, por inconstitucionalidade, de determinadas hipóteses de aplicação (Anwendungsfälle) do programa normativo sem que se produza alteração expressa do texto legal." Cf. Gilmar Ferreira Mendes, Moreira Alves. Controle da Constitucionalidade no Brasil, Celso Bastos Editor, 2000, p. 54/55.

Dessa forma, o efeito vinculante atribuído às decisões proferidas em ação direta de inconstitucionalidade é novidade em nosso ordenamento jurídico. O instituto que auxilia na descoberta das implicações de tal efeito é o já conhecido efeito vinculante nas ações declaratórias de constitucionalidade. É que tanto na procedência como na improcedência do pedido nas ações declaratórias de constitucionalidade há vinculação dos outros órgãos do Poder Judiciário no que toca ao que foi decidido pela Suprema Corte, gerando o direito ao interessado de formular reclamação perante o Supremo Tribunal Federal[29].

---

29. Cabe o comentário de Clèmerson Merlin Clève: "Daí a utilidade da instituição da ação direta de constitucionalidade. A ação direta de inconstitucionalidade não é instrumento suficiente para a pronta solução de controvérsia judicial em matéria que envolve questão constitucional, por dois motivos. Primeiro porque, como definiu o Supremo, "não é ela cabível quando o autor a propõe sustentando a constitucionalidade do ato normativo, e pretendendo, portanto, obter a declaração de sua constitucionalidade pela via indireta da decisão de improcedência da ação." Depois, porque a eficácia da decisão dessa ação (da ação de inconstitucionalidade) "quer de procedência, quer de improcedência, apenas se estende a todos (eficácia erga omnes) no sentido de que, em face de todos, sua eficácia só se exaure na declaração de que o ato normativo é inconstitucional (e, portanto, nulo desde a origem) ou constitucional (e, conseqüentemente válido). Ora, a decisão na ação direta de constitucionalidade produz efeito vinculante relativamente aos demais órgãos do Poder Judiciário e ao Poder Executivo, o que configura um plus em relação aos efeitos produzidos pela decisão na ação direta de inconstitucionalidade. Cumpre, neste ponto, reconhecer a sua inquestionável utilidade." A Fiscalização Abstrata de Inconstitucionalidade, p. 197.

Efeitos da decisão no controle concentrado conforme a doutrina e posicionamento do STF

Após o breve escorço histórico acerca da atribuição de efeito vinculante à ação direta de inconstitucionalidade, deve-se cotejar os ensinamentos da doutrina acerca do art. 28, parágrafo único da Lei n 9868/99. Mais precisamente, deve-se analisar quais os limites traçados pela doutrina para o efeito vinculante. Devem ser encontradas respostas para as seguintes indagações: qual é objeto de efeito vinculante, o dispositivo da decisão ou também seus fundamentos determinantes? Quem está vinculado, os outros órgãos do Poder Judiciário ou também os dois outros poderes constituídos, a saber, Legislativo e Executivo?

Gilmar Ferreira Mendes, ao responder a pergunta "O que se deve entender por efeito vinculante?" afirma que o efeito *erga omnes* e efeito vinculante são institutos afins embora diversos. Para tal, lança mão das justificações ao intitulado Projeto de Emenda Constitucional Roberto Campos (PEC nº 130/92[30]), que pretendia do-

---

30. Confira-se o teor da aludida emenda: "Art. 2. Os arts. 102 e 103 da Constituição passam a vigorar com a seguinte redação: Art. 102 (...) §1 A argüição de descumprimento de preceito fundamental decorrente desta Constituição será apreciada pelo Supremo Tribunal Federal, na forma desta lei. §2 As decisões definitivas proferidas pelo Supremo Tribunal, nos processos de controle de constitucionalidade leis e atos normativos e no controle de constitucionalidade da omissão, têm eficácia erga omnes e efeitos vinculante para os órgãos e agentes públicos. §3 Lei complementar poderá outorgar as outras decisões do Supremo Tribunal Federal eficácia erga omnes, bem como dispor sobre o efeito vinculante dessas decisões para os órgãos e agentes públicos."

tar de efeito vinculante as decisões proferidas em sede de controle abstrato de constitucionalidade:

> "Além de conferir eficácia "erga omnes" às decisões proferidas pelo Supremo Tribunal Federal em sede de controle de constitucionalidade, a presente proposta de emenda constitucional introduz no direito brasileiro o conceito de efeito vinculante em relação aos órgãos e agentes públicos. Trata-se de instituto jurídico desenvolvido no Direito processual alemão, que tem por objetivo outorgar maior eficácia às decisões proferidas por aquela Corte Constitucional, assegurando força vinculante não apenas à parte dispositiva da decisão, mas também aos chamados fundamentos ou motivos determinantes (tragende Grunde).
> A declaração de nulidade de uma lei não obsta à sua reedição, ou seja, a repetição de seu conteúdo em outro diploma legal. Tanto a coisa julgada quanto a força de lei (eficácia erga omnes) não lograriam evitar esse fato. Todavia, o efeito vinculante, que deflui dos fundamentos determinantes (tragende Grunde) da decisão, obriga o legislador a observar estritamente a interpretação que o tribunal conferiu à Constituição. Conseqüência semelhante se tem quanto às chamadas normas paralelas. Se o tribunal declarar a inconstitucionalidade de uma Lei do Estado A, o efeito vinculante terá o condão de impedir a aplicação de norma de conteúdo semelhante do Estado B ou C (cf. Christian Pestalozza, comentário ao § 31, I, da Lei do Tribunal Constitucional Alemão (Bundesverfassungsgerichtsgesetz) in Direito Processual

Constitucional (Verfassungsprozessrecht), 2ª edição, Verlag C. H. Beck, Munique, 1982, pp.170/171, que explica o efeito vinculante, suas consequências e a diferença entre ele e a eficácia seja inter partes ou erga omnes. (Proposta de Emenda Constitucional nº130, de 1992, DCN, 1, 2 set. 1992, p.19956, col.01)[31]".

Para Gilmar Ferreira Mendes, hoje Ministro do STF, apesar de o texto da EC nº 3/93 não ter contemplado a redação da Emenda Roberto Campos, a intenção do Constituinte Derivado foi justamente fazer a distinção ontológica entre os dois tipos de efeito, revelando que o efeito vinculante não se confunde com efeito *erga omnes*.

Quanto aos limites objetivos do efeito vinculante, Gilmar Ferreira Mendes, apoiando-se em parte da doutrina alemã, sustenta que a decisão no controle abstrato teria eficácia que transcende o caso singular, refletindo os critérios de interpretação fixados pela Corte Suprema nos casos supervenientes, que deverão ser observados por todas as Autoridades:

"Problema de inegável relevo diz respeito aos limites objetivos do efeito vinculante, isto é, à parte da decisão que tem efeito vinculante para os órgãos constitucionais, tribunais e autoridades administrativas. Em suma, indaga-se, tal como em relação à coisa

---

31. Controle Concentrado de Constitucionalidade. Comentários à Lei n. 9868, de 10-11-1999. São Paulo: Editora Saraiva, 2001, p. 337.

julgada e à força da lei, se o efeito vinculante está adstrito à parte dispositiva da decisão ou se ele se estende também aos chamados fundamentos determinantes, ou, ainda, se o efeito vinculante abrange também as considerações marginais, as coisas ditas de passagem, isto é, os chamados obter dicta.

Enquanto em relação à coisa julgada e à força de lei domina a idéia de que elas hão de se limitar à parte dispositiva da decisão, sustenta o Tribunal Constitucional alemão que o efeito vinculante se estende, igualmente, aos fundamentos determinantes da decisão.

Segundo esse entendimento, a eficácia da decisão do Tribunal transcende o caso singular, de modo que os princípios dimanados da parte dispositiva e dos fundamentos determinantes sobre a interpretação da Constituição devem ser observados por todos os tribunais e autoridades nos casos futuros.

Outras correntes doutrinárias sustentam que, tal como a coisa julgada, o efeito vinculante limita-se à parte dispositiva da decisão, de modo que, do prisma objetivo, não haveria distinção entre a coisa julgada e o efeito vinculante[32]".

No que concerne aos limites subjetivos do efeito vinculante, Gilmar Ferreira Mendes leciona que encontram-se submetidos apenas os órgãos inferiores do Poder Judiciário e o Poder Executivo, ao contrário do estabele-

---

32. Controle Concentrado de Constitucionalidade. Comentários à Lei nº 9868, de 10-11-1999. São Paulo: Editora Saraiva, 2001, p. 339.

cido na proposta original, que se referia à vinculação dos órgãos e agentes públicos, o efeito vinculante consagrado na Emenda nº 3, de 1993, ficou reduzido, no plano subjetivo, aos órgãos do Poder Judiciário e do Poder Executivo.

"Proferida a declaração de constitucionalidade ou inconstitucionalidade de lei objeto da ação declaratória, ficam os Tribunais e órgãos do Poder Executivo obrigados a guardar-lhe plena obediência. Tal como acentuado, o caráter transcendente do efeito vinculante impõe que sejam considerados não apenas o conteúdo da parte dispositiva da decisão, mas a norma abstrata que dela se extrai, isto é, a proposição de que determinado tipo de situação, conduta ou regulação — e não apenas aquela objeto do pronunciamento jurisdicional — é constitucional ou inconstitucional e deve, por isso, ser preservado ou eliminado. É certo, pois, que a não-observância da decisão caracteriza grave violação de dever funcional, seja por parte das autoridades administrativas, seja por parte do magistrado (cf., também, CPC, art.133, I).
Em relação aos órgãos do Poder Judiciário, convém observar que eventual desrespeito à decisão do Supremo Tribunal Federal legitima a propositura de reclamação, pois estará caracterizada, nesse caso, inequívoca lesão à autoridade de seu julgado (CF, art. 102, I, l).
Assim, se havia dúvida sobre o cabimento da reclamação no processo de controle abstrato de normas, a Emenda Constitucional nº 3 encarregou-se de espan-

cá-la, pelo menos no que respeita às decisões proferidas na ação declaratória de constitucionalidade[33]".

Por sua vez, Alexandre de Moraes chega à conclusão de que além de significar a eficácia transcendente, ou melhor, vincular os fundamentos relevantes da decisão, o efeito vinculante ainda significa uma total vinculação de todos os Poderes Constituídos, inclusive o próprio STF, órgão máximo do Poder Judiciário, e o Poder Legislativo órgão dotado da maior legitimidade democrática. Confira-se:

"As decisões do STF, em sede de ação direta de inconstitucionalidade, terão força obrigatória geral, nos mesmos moldes do direito alemão e português, pois enquanto intérprete maior da compatibilidade abstrata do ordenamento jurídico com as normas constitucionais, vinculam o legislador, todos os tribunais e todas as autoridades administrativas.
Em relação ao legislador, os efeitos vinculantes atuam no sentido de impedir que editem novas normas com idêntico conteúdo ao daquela anteriormente declarada inconstitucional; ou ainda, normas que convalidem os efeitos da norma declarada inconstitucional ou anulem os efeitos da decisão do STF.
Em relação a todos os juízos e tribunais, restará afastado o controle difuso de constitucionalidade, uma vez que estarão vinculados não só à decisão do STF

---

33. Controle Concentrado de Constitucionalidade. Comentários à Lei nº 9868, de 10-11-1999. São Paulo: Editora Saraiva, 2001, p. 343.

— pela constitucionalidade ou inconstitucionalidade, em face do caráter dúplice da ação — mas também à interpretação constitucional que lhe foi dada à norma, nas hipóteses de interpretação conforme a Constituição e declaração parcial de nulidade sem redução de texto.

O próprio STF estará vinculado aos efeitos de sua decisão abstrata de constitucionalidade, pois, uma vez declarada a constitucionalidade ou inconstitucionalidade da lei ou ato normativo, não há a possibilidade de nova análise contestatória da matéria, sob a alegação da existência de novos argumentos que ensejariam uma nova interpretação constitucional[34]".

Já Gustavo Binenbojm, cautelosamente, afirma que por tratarem-se de ações da mesma natureza, apenas "com sinal trocado[35]", a Lei nº 9868/99 apenas procedeu a uma interpretação declarativa, estendendo o efeito vinculante explícito para as ações declaratórias de constitucionalidade. O que se depreende da leitura do autor é que o efeito vinculante limita-se à parte dispositiva da decisão acerca da constitucionalidade (seja de procedência ou improcedência do pedido) e vincula apenas os demais órgãos do Poder Judiciário e o Poder Executivo:

"Por razões de ordem lógica e de coerência sistêmica, o mesmo raciocínio deve ser aplicado às ações diretas de inconstitucionalidade. Seria uma inconsistência

---

34. Jurisdição Constitucional e Tribunais Constitucionais. São Paulo: Editora Altas, 2000, p. 273.
35. Imagem da lavra de Gilmar Ferreira Mendes.

lógica do sistema que se pudesse obter na ação declaratória, em caso de improcedência, algo insuscetível de ser obtido na ação direta, quando esta é julgada procedente. Em sendo assim, em caso de procedência do pedido formulado na ação direta, todos os demais órgãos do Poder Judiciário e o Poder Executivo ficam impedidos de aplicar a norma; caso o juízo do Supremo Tribunal seja pela improcedência da ação direta, proclamando, pois, a constitucionalidade da norma, ficam eles compelidos a aplicá-la.
Portanto, não há qualquer inconstitucionalidade no art. 28 da Lei nº 9.868/99. Ao revés, a equiparação entre os efeitos das decisões proferidas nas ações direta de inconstitucionalidade era uma conclusão que já podia ser extraída da própria sistemática constitucional, independentemente de previsão expressa[36]".

Por outro lado, Lenio Luiz Streck situa-se em posição diametralmente oposta sustentando que os valores cristalizados da Constituição têm natureza cambiante no tempo, o que afasta um caráter absoluto às decisões proferidas no controle abstrato de constitucionalidade. Para tal, também utiliza-se das doutrinas portuguesa e alemã e de uma decisão proferida pelo próprio Supremo Tribunal Federal:

---

36. A Nova Jurisdição Constitucional Brasileira. Legitimidade Democrática e Instrumentos de Realização. Rio de Janeiro: Renovar, 2001, p. 177.

"Acrescente-se, nessa mesma linha, o dizer de Bryde, para quem "se se considera que o Direito e a própria Constituição estão sujeitos à mutação e, portanto, que uma lei declarada constitucional pode vir a tornar-se inconstitucional, tem-se de admitir a possibilidade da questão já decidida poder ser submetida novamente à Corte Constitucional.

(...)

Não há, pois, um caráter absoluto na decisão que declara, de forma direta ou indireta, a constitucionalidade de um ato normativo, uma vez que a mutação do contexto social-histórico pode acarretar uma nova interpretação. Por isso, a hermenêutica de matriz fenomenológica pode contribuir para a elucidação dessa problemática, uma vez que o processo de interpretação é sempre produtivo (Sinngebung), e não meramente reprodutivo (Auslegung). Uma lei pode ser constitucional em um dado momento histórico e inconstitucional em outro. Mergulhando no rio da história, o intérprete poderá atribuir outro sentido ao texto. Observe-se, aliás, que essa idéia já faz escola no Direito brasileiro, o que se pode perceber pela decisão do Supremo Tribunal Federal no julgamento do Habeas Corpus n 70.514-RS, onde ficou assentado que uma determinada lei ainda era constitucional, mas como bem define Heidegger, ser é tempo e tempo é ser. O tempo é possibilidade de conhecer! Isso mostra, também, a superação da antiga discussão acerca da polêmica *voluntas legis* e *voluntas legislatoris*[37]".

---

37. Jurisdição Constitucional e Hermenêutica. Uma Nova Crítica do

Quanto ao efeito vinculante na interpretação conforme a Constituição e na nulidade parcial sem redução de texto, Lenio Luiz Streck é ainda mais enfático:

"Desse modo, há um flagrante equívoco na Lei 9.868, ao determinar que as decisões em sede de interpretação conforme a Constituição e nulidade parcial sem redução de texto terão efeito vinculante. Tenho que, além da necessidade de se afastar, de plano, a possibilidade de a interpretação conforme ter esse efeito, há que se compreender que, no que tange à nulidade parcial sem redução de texto, somente terá efeito vinculante o sentido do texto declarado inconstitucional pelo Supremo Tribunal Federal. Dito de outro modo, não é possível transformar uma declaração de inconstitucionalidade parcial qualitativa (é esse o nome técnico-constitucional da nulidade parcial sem redução de texto, isto porque, naquela, declara-se a constitucionalidade de um texto, sem alteração formal do texto (é, portanto, uma sentença de rejeição de constitucionalidade), não podendo, por isso, ocorrer o efeito vinculante, e nesta, há a declaração da inconstitucionalidade, a partir da retirada do sistema de um dos sentidos do texto, não havendo, de toda sorte, alteração formal do mesmo. É somente esse sentido abduzido do sistema que autoriza a vinculação (afinal, esse sentido e somente esse — é nulificado)[38]".

Direito. Porto Alegre: Livraria do Advogado Editora, 2002, p. 437-439.
38. Jurisdição Constitucional e Hermenêutica. Uma Nova Crítica do Direito. Porto Alegre: Livraria do Advogado Editora, 2002, p. 505.

O que mais releva ressaltar na obra de Lenio Luiz Streck é que o constitucionalista desmistifica a questão, afirmando que a discussão dos limites (objetivo e subjetivo) do efeito vinculante não está pacificada alhures, razão pela qual o direito alemão, nem tampouco o português, não pode ser invocado como argumento de autoridade:

"Comumente tem sido afirmado que a vinculação das decisões em sede de interpretação conforme tem respaldo no direito alemão. Essa tese tem sustentado as teses dos que defendem, em *terra brasilis*, o efeito vinculante em sede de interpretação conforme a Constituição, em sede de ação declaratória e constitucionalidade e nas decisões que rejeitam ação direta de inconstitucionalidade. Como muito bem esclarece Medeiros, a questão não é tão simples ! Com efeito, no direito tedesco, se um tribunal ordinário não vislumbra uma terceira interpretação suscetível de conduzir a um resultado igualmente conforme a Constituição, ele não pode questionar a constitucionalidade da interpretação adotada pelo juiz constitucional (exceto, naturalmente, nos casos em que não opera o efeito vinculativo ou a força de lei). Mas isso não o impede de adotar a sua própria interpretação conforme a Constituição. Na realidade, o Tribunal Constitucional apenas é chamado a declarar que uma determinada interpretação é dessa, uma outra interpretação. Em compensação, deve deixar em aberto a questão de saber se apenas é possível esta última ou se existem também outras interpretações compatíveis com a Constituição, não podendo pois impor aos tribunais competentes em razão da matéria uma determinada interpretação. (...) Por isso, somente pode ser vinculante a decisão na qual o Tribunal atua como legislador negativo, expungindo (no plano da validade) o texto normativo do sistema. Na contramão, quando, de um modo ou de outro, o tribunal estabelecer um sentido conformador com a Constituição, necessariamente estará agregando sentido. Isso é inexorável, pois, caso contrário, o texto deve ser declarado inconstitucional. Parece evidente isso! Ou seja, se o texto não pode ser "salvo", deve ser retirado/expungido do ordenamento. A *contrario sensu*, se pode ser "salvo", essa circunstância demanda, sempre, uma sentença interpretativa, com visível adição de sentido. E essa adição de sentido ao texto original é um dos sentidos possíveis a adicionar, não podendo, destarte, de forma vinculativa, impedir-se que os demais tribunais encontrem outras maneiras para a aplicação daquele texto. As circunstâncias histórico-factuais-temporais sempre demandarão novas incidências, novas "sínteses ontológico-existenciais[39]".

Por fim, é de se ver que o Supremo Tribunal Federal, apesar de não se manifestar concludentemente acerca dos contornos, objetivo e subjetivo, do efeito vinculante, no julgamento da ADI (MC) 2.405-RS parece admitir que trata-se de mera qualificação do efeito *erga omnes*.

---

39. Jurisdição Constitucional e Hermenêutica. Uma Nova Crítica do Direito. Porto Alegre: Livraria do Advogado Editora, 2002, *passim*.

Isso se dá, porquanto da transcrição do Informativo 289 há apenas a indicação que em decorrência do art. 28, parágrafo único da Lei nº 9868/99, agora todos os atingidos pelas decisões contrárias ao entendimento do STF esposado em ação direta de inconstitucionalidade serão legitimados para reclamação. Antes da Lei 9.868/99 legitimava-se apenas o impetrante da ADI cuja decisão havia sido desrespeitada por outro órgão do Poder Judiciário.

Conclusão

De tudo que foi exposto, o objetivo fundamental é demonstrar que a par da declaração de constitucionalidade do art. 28, parágrafo único da Lei nº 9868/99 o chamado efeito vinculante ainda carece de estudo para a fixação de seus limites objetivo e subjetivo. Ou melhor, mais importante do que a declaração acerca da sua compatibilidade com a Constituição é a sua aplicação efetiva na prática constitucional brasileira. *Data maxima venia*, a mera declaração de constitucionalidade sem a fixação dos critérios de vinculação faz com que a própria análise de constitucionalidade caia no vazio, pois não se pode declarar constitucional algo que não se sabe exatamente o que é.

Restou evidenciado, também, que a doutrina tanto brasileira como estrangeira não acorda quanto aos limites do efeito vinculante, razão pela qual a mera alusão ao direito estrangeiro não pode servir como justificativa para adoção de uma ampla vinculação, seja no âmbito subjetivo, seja no âmbito objetivo, das decisões proferidas no controle abstrato de constitucionalidade brasileiro.

Da comparação entre o sistema norte-americano e o austríaco de controle de constitucionalidade restou evidenciado que o mecanismo do precedente é típico do controle difuso, direcionado para a solução do caso concreto e não do controle abstrato. Dessa forma, parece algo que contraria a lógica de Marshall e também a de Kelsen pretender introduzir um "efeito vinculante" que tenha força de precedente no controle concentrado brasileiro[40].

Demais disso, ainda que fosse inequívoco que as Cortes Constitucionais Européias, como a alemã e a portuguesa tivessem adotado o sistema de precedentes, dotando os fundamentos relevantes de suas decisões de efeito vinculante, tal solução não poderia ser mecanimamente transplantada para o sistema misto brasileiro, no qual ainda persiste o sistema difuso de controle de constitucionalidade por opção do Constituinte Originário. Na Europa, aos demais juízes é vedada a apreciação da

---

[40]. A esse respeito vale transcrever um último comentário de Lenio Luiz Streck: "Ou seja, o *precedent* deve ser analisado amiúde, para que se possa determinar se existem (ou não) similitudes de fato e de direito, bem como para determinar a posição atual da corte em relação ao Direito anterior. Necessário alertar que, nos Estados Unidos, a força do precedente reside na tradição, *não estando estabelecida em qualquer regra escrita, quer nas leis, quer na Constituição e tampouco em regra de ofício*. Causa espécie, pois querer-se estabelecer, em *terra brasilis*, a obrigatoriedade da obediência a precedentes advindos de interpretação conforme (...)Jurisdição Constitucional e Hermenêutica. Uma Nova Crítica do Direito. Porto Alegre: Livraria do Advogado Editora, 2002, p. 492.

constitucionalidade das leis e atos normativos, o que não acontece no Brasil. Portanto, adotar-se o pretendido efeito vinculante com contornos amplos significaria derrogar, via legislação infra-constitucional, o poder de afastar as normas inconstitucionais pelos juízes de primeira e segunda instância, o que é tradição em nossa prática constitucional.

Demais disso, da leitura da redação da EC nº 3/93 e do art. 28, parágrafo único da Lei nº 9868/93, que trazem redação distinta da proposta pela chamada "Emenda Roberto Campos" verifica-se que há mais motivos para rechaçar a tese de Gilmar Ferreira Mendes — no sentido de que efeito *erga omnes* e efeito vinculante possuem naturezas distintas — do que para acatá-la. Ora, se constituinte derivado não optou por adotar a redação que já havia sido proposta em projeto de emenda constitucional anterior é porque ao contrário de dizer menos do que gostaria optou por um silêncio eloqüente. Isto é, não encampou a tese de que o efeito vinculante é, qualitativamente transcendente ao efeito *erga omnes*.

Ao explicitar-se, em um primeiro momento, o efeito vinculante apenas para a ação declaratória de constitucionalidade fica claro que tal efeito é mera qualificação ou desdobramento do efeito *erga omnes* especificamente dirigido aos demais órgãos do Poder Judiciário que não o Supremo Tribunal Federal. Não se pode perder de vista que a maior ambição da ação declaratória de constitucionalidade é dirimir controvérsia judicial acerca da aplicação da Constituição. Nesse raciocínio, o transplante do efeito vinculante para ação direta de inconstitucionalidade mostra-se como corolário do efeito *erga omnes* voltado para a implementação da verticalização do controle de constitucionalidade no Brasil.

Destarte, diante dos impasses decorrentes da extensão, por obra do legislador ordinário, do efeito vinculante às decisões proferidas no controle abstrato de normas, algo que não foi vislumbrado pelo constituinte originário, nem tampouco pelo derivado, entende-se ser prudente e compatível com ideal Democrático, igualmente adotado por nossa Constituição que inaugurou uma democracia constitucional, confinar-se tal efeito dentro da seara do efeito *erga omnes* do dispositivo da decisão, atribuindo-lhe mera natureza de especificação quanto aos órgãos estatais que estarão submetidos à decisão. Desse modo, evidencia-se que são somente os órgãos encarregados de aplicar a lei, quais sejam, os demais órgãos do Poder Judiciário e o Poder Executivo que estão vinculados. Portanto, o único efeito prático que se pode extrair da positivação do efeito vinculante para as decisões proferidas na ação direta de inconstitucionalidade, inclusive quando há interpretação conforme a Constituição e nulidade parcial sem redução de texto é o já exposto pelo Supremo Tribunal Federal no julgamento da já citada ADI (MC) 2.405-RS, qual seja, a legitimação de todos os atingidos por decisões contrárias ao entendimento firmado pelo STF no julgamento de mérito proferido em ação direta de inconstitucionalidade para a propositura de reclamação.

Referências Bibliográficas

ACKERMAN, Bruce, et. al. Fundamentos Y Alcances Del Control Judicial De Constitucionalidad. Cuadernos Y Debates. Madrid: Centro De Estudios Constitucionales, n.29, 1991.

BINENBOJM, Gustavo. A Nova Jurisdição Constitucional Brasileira: legitimidade democrática e instrumentos de realização. Rio de Janeiro: Renovar, 2001.

BITTENCOURT, C. A. Lúcio. O Controle Jurisdicional Da Constitucionalidade Das Leis. Rio de Janeiro: Forense.

CAMPANHOLE, Hilton Lobo.; CAMPANHOLE, Adriano. Constituições do Brasil: compilação e atualização dos textos, notas, revisão e índices. São Paulo: Atlas, 1999.

CAPPELLETTI, Mauro. O Controle Judicial De Constitucionalidade Das Leis No Direito Comparado. Tradução de Aroldo Plínio Gonçalves. Porto Alegre: Sérgio Antônio Fabris, 1984.

CASTRO, Carlos Roberto Siqueira. Da Declaração De Inconstitucionalidade E Seus Efeitos. Cadernos De Direito Constitucional E Ciência Política. N.21, p.7-39.

CAVALCANTI, Themistocles Brandão. Do Controle Da Constitucionalidade. Rio de Janeiro: Forense, 1966.

CLÈVE, Clemerson Merlin. A Fiscalização Abstrata de Constitucionalidade no Direito Brasileiro. São Paulo: Revista dos Tribunais.

LOURENÇO, Rodrigo Lopes. Controle da Constitucionalidade à Luz da Jurisprudência do STF. Rio de Janeiro: Forense, 1999.

MARTINS, Ives Gandra da Silva.; MENDES, Gilmar Ferreira. Controle Concentrado de Constitucionalidade: comentários à Lei n. 9.868, de 10-11-1999. São Paulo: Saraiva, 2001.

MIGUEL, Alfonso Ruiz. Modelo Americano Y Modelo Europeo De Justicia Constitucional. Doxa. Alicante: n.23, 2000.

MORAES, Alexandre de. Jurisdição Constitucional E Tribunais Constitucionais: garantia suprema da Constituição. São Paulo: Atlas, 2000.

RIBEIRO, Luís Antônio Cunha. Limites da Coisa Julgada nas Ações Diretas Constitucionais. In: 1988/1998: Uma Década de Constituição. Margarida Maria Lacombe Camargo (org.). Rio de Janeiro: Renovar, p.245-263, 1998.

SILVA, José Afonso da. Tribunais Constitucionais e Jurisdição Constitucional: conceitos e fundamentos da jurisdição constitucional. Revista Brasileira De Estudos Políticos. Belo Horizonte: Universidade Federal de Minas Gerais, n.60-61, p.495-524, jan./jul., 1985.

STRECK, Lenio Luiz. Jurisdição Constitucional e Hermenêutica: uma nova crítica do Direito. Porto Alegre: Livraria do Advogado, 2002.

TAVARES, André Ramos. Tribunal E Jurisdição Constitucional. São Paulo: Celso Bastos, 1998.

RESENHAS

NOTA SOBRE AS RESENHAS

O conjunto das resenhas inicia-se com as reflexões centrais a respeito da democracia deliberativa, como é o caso de Jürgen Habermas. No tocante a Rawls, sua teoria aparece refletida na contribuição do mestrando André Torres[1]. Em seguida, apresentou-se a perspectiva histórica de Bessette e, mais adiante, a questão da racionalidade da deliberação de Elster. As demais resenhas privilegiaram os teóricos que procuram demonstrar a viabilidade do processo deliberativo e indicar outras perspectivas de certas categorias deste debate, como é o caso da legitimidade, da publicidade, da imparcialidade e da motivação. Nesta linha de raciocínio, estão inseridas as resenhas de Benhabib e Bohman. Por fim, temos a significativa e original análise de Carlos Nino, articulando, de forma crítica, os aspectos substancialistas (Rawls) e procedimentalistas (Habermas), nos reflexos para o enten-

---

1. Vide sua resenha sobre a obra de Joshua Cohen.

dimento da constituição e da jurisdição constitucional, notadamente o *judicial review*. O presente quadro teórico completa-se com a bibliografia sistematizada, na qual foram elencadas outras obras de referência.

HABERMAS, Jürgen. Constitutional Democracy: A Paradoxical Union of Contradictory Principles? *Political Theory*, vol. 29, n° 6, dezembro, 2001.

Pablo Sanges Ghetti

> Habermas e Michelman: estado de direito, democracia e deliberação, direitos humanos, soberania popular. Princípios contraditórios da filosofia política moderna: estado de direito e democracia. Direito humanos. Processo histórico auto-corretivo. Justice Brennan — resolução prática da contradição? Modelos normativos de democracia. Limites da democracia deliberativa — regresso infinito do problema da legitimidade. Institucionalização jurídica como crítica da teoria discursiva da democracia. Projeto histórico de construção de tradições. Perspectiva geracional do desenvolvimento político-constitucional. Sentido performativo da prática constitucional fundadora. Direitos políticos. Sistema de direitos redimensionado. Gênese dos direitos fundamentais em duas etapas. Co-originariedade e interdependência.

Habermas evoca o tema recorrente da contradição entre autonomia pública e autonomia privada, tratado com profundidade em suas obras de filosofia jurídica e política recentes. Começa por delinear os elementos da democracia moderna que a diferenciam da antiga. Trata-se de um conceito marcado por sua relação com o *medium* do direito, de modo que se introduz, na modernidade, uma segunda fonte de legitimação do poder político, em que são oferecidos limites "*à autodeterminação soberana do povo*" (p.766). A primeira fonte, por seu turno, não enseja qualquer espécie de limitação como será observado em seguida. O problema que resulta desta constatação, em termos tradicionais, versa sobre qual das duas fontes obterá prioridade. Por um lado, será o legislador capaz de decidir sobre quaisquer questões, e ainda que faça uso do instrumental dos direitos fundamentais, poderá, eventualmente, violá-los. Por outro, os direitos fundamentais constituem um núcleo fundamental doador de legitimidade, ou seja, toda a atividade política deve circunscrever-se aos limites por eles traçados. Habermas não se satisfaz com tais alternativas, dado que contradizem uma forte intuição moral, desenvolvida em *A Inclusão do Outro*, segundo a qual os direitos humanos não podem restringir-se a instrumento da vontade do legislador, nem podem servir de mero limite externo à manifestação da vontade popular. Tanto Kant quanto Rousseau procuraram incorporá-la, mas falharam ao assumir posturas mais republicanas ou submeterem o direito à moralidade.

O caminho tradicional de Habermas para ir além dos dilemas dos filósofos do iluminismo sem abrir mão dos potenciais emancipatórios e universalistas da modernidade, desenvolvido em *Direito e Democracia* e, sobretudo, num contexto muito próximo, em *A Inclusão do Outro*, seria o de recorrer imediatamente às ferramentas da teoria do discurso. Não é este o procedimento adotado neste trabalho recente. A obra de Frank Michelman, *Brennan and Democracy*, é fundamental nesta mudança de curso. Neste trabalho, o autor americano busca construir e justificar o modelo do juiz responsivo como alternativa para a solução do mesmo paradoxo da democracia constitucional. Habermas, no entanto, não se interessa tanto pela resposta de fundo proporcionada por Michelman, mas pelo percurso que o levou a tal conclusão, pelos meios, conceituais e argumentativos, a partir dos quais ele constrói o seu modelo. O seu trabalho refuta continuamente as contribuições teóricas liberais segundo as quais são as leis fundamentais e a Constituição que estabelecem a democracia não havendo, portanto, qualquer limitação da soberania popular, mas sim a construção de sua possibilidade — observe-se que este argumento não legitima democraticamente os direitos não-políticos. Questiona também o republicanismo clássico, que ao conferir maior importância ao reconhecimento comunitário de um *ethos* compartilhado enseja a substituição dos valores de liberdade e autonomia pelos de costume e autocontrole moral — como se a comunidade política tivesse assumido o controle do seu destino e a responsabilidade por sua liberdade, mas imediatamente recorrido a meios não jurídicos, portanto, que não garantem o auto-governo igual de todos, perdendo a autonomia moral e poder criativo que tinham tornado aquele evento coletivo possível. Uma concepção republicana adota um viés distinto, procedimental, quando incorpora a idéia de direitos fundamentais *faz parte* do processo de formação razoável da vontade.

Ainda assim, Michelman não confia completamente nesta hipótese. Se se considera o problema do ato de fundação constitucional, sempre haverá a suspeita de que aquele ato não contou com participação livre e condições procedimentais mínimas para o exercício do debate político eqüitativo. Na verdade, a legitimidade de qualquer resultado do discurso pretensamente racional pode ser questionada pela consideração da correção das regras que delimitaram as condições do respectivo processo argumentativo — fato, inclusive, verificado pela maior parte dos críticos da democracia deliberativa. A solução que Habermas oferece para o problema que Michelman intitula de *infinite regress* é de natureza igualmente temporal e histórica. O epígono da Escola de Frankfurt resgata expressões de claro matiz hegeliano como *world-historical process* ou *tradition-building project*. Trata-se de uma tradição com um começo determinado no tempo e a enunciação de um certo projeto de coletividade aberto para o futuro e, sobretudo, atento para as possibilidades de aprendizado geracional em que se verifica um processo autocorretivo incessante.

Esta forma de abordagem seria facilmente aplicável em tradições políticas que mostram uma linha contínua de história constitucional e interpretações sucessivas, cujo caráter progressista é razoavelmente aceito. Após o arrefecimento dos ânimos e a sedimentação das expectativas as reformas passam a ser tidas como conquistas daquela tradição política. Habermas reconhece que tal modelo só pode funcionar com a verificação de um certo sentido de pertença, de compreensão e identidades marcadas por uma história comum, de forma que o referido projeto de construção da tradição seja considerado como o mesmo por todos os participantes. Esta afirmação assemelha-se bastante ao entendimento de Michelman, não apenas em relação ao trecho citado por Habermas, mas, especialmente, tendo em vista o exposto na página 53 de *Brennan and Democracy* em que se menciona a possibilidade de uma *redeeming feature* capaz de garantir à tradição constitucional o respeito de todos os seus membros.

A referida noção de pertença, por seu turno, jamais será alcançada na ausência de uma prática comum com sentido performativo. O ato constitucional primordial é tido, assim, como fundador e inaugurante de uma nova maneira de autocompreensão coletiva que realmente enseja uma inscrição no tecido histórico contextual e cujo conteúdo específico permanece aberto a interpretações. Assim este sentido simultaneamente aberto e performativo das práticas compartilhadas permite um padrão criteriológico seguro para o já mencionado processo de aprendizagem coletiva. Os descendentes dos pais fundadores poderão tomar os textos instituintes da nova tradição em sentido crítico como necessariamente incompletos e carentes de suplemento semântico e sociológico contemporâneo, bem como adotá-los como instrumento de julgamento ou teste do caráter socialmente adequado de mudanças ou reformas propostas no presente.

Em seguida, Habermas modifica substancialmente a sua argumentação ao introduzir um exercício fictício de gênese de direitos. Trata-se da gênese lógica de direitos verificada em *Direito e Democracia* assumindo os contornos de uma fábula de origem nos termos do ensaio crítico de Honig. Perde-se o caráter falível de afirmações verificáveis ainda que num contexto cultural largo — sociedades que passaram por processos de modernização, pós-industriais ou norte-atlânticas e adota-se um caminho heurístico abstrato. A partir deste momento, Habermas pretende fundamentar uma conexão interna entre direito e democracia. Simula uma situação original em que os participantes são livres, procuram constituir uma associação futura mediante o direito positivo, fazem uso de um discurso racional (em que a razão comunicativa é componente necessário, para além da razão instrumental e monológica) e tornam o sentido de suas ações uma reflexão explícita.

Sob estas condições será possível começar o processo de produção constitucional, cuja primeira tarefa é constituir três categorias de direitos sem as quais não é possível nem mesmo a utilização do *medium* do direito. Os participantes do discurso original ao produzirem estes direitos fundamentais 1) derivados do livre desenvolvimento de uma medida eqüitativa de liberdade individual; 2) derivados do status de membro de uma determinada associação de sujeitos de direito; 3) derivados do direito à proteção dos direitos individuais; entender-se-ão como futuros usuários, destinatários das normas de direito. Além disso, sem uma referência à instância legisladora não terão os direitos mencionados qualquer conteúdo concreto. Demanda-se, assim, uma categoria de direitos que assegure direitos fundamentais; 4) derivados da igual oportunidade de participação no processo de decisão legislativa.

Na verdade, todo este processo é apenas mentalmente verificado. Tais são realizações conceituais que precisam estar consolidadas quando do momento da concretização de quaisquer destes direitos. Nenhuma destas abstrações ganhará lugar no mundo jurídico real. Este é povoado por direitos gerais mas de conteúdo concreto, dependentes de um contexto e de circunstâncias. Trata-se de dois estágios distintos: o primeiro, conceitual, em que a prática compartilhada imaginária manifesta a necessidade conceitual do *medium* do direito, em que se incluem necessariamente os direitos individuais fundamentais; o segundo, empírico, em que se realiza a soberania popular e que em virtude das considerações de natureza histórica observadas anteriormente, dão ensejo a um processo de construção de uma tradição cultural apenas possível mediante atores suficientemente independentes, protegidos pelos direitos fundamentais.

Bibliografia complementar: HABERMAS, Jürgen. *Direito e Democracia — Entre Facticidade e Validade, vol. 1*. Rio de Janeiro: Tempo Brasileiro, 1999. HABERMAS, Jürgen. Sobre a Coesão Interna entre Estado de Direito e Democracia. In: Idem. *A Inclusão do Outro*. São Paulo: Loyola, 2002. HONIG, Bonnie. Dead Rights, Live Futures. *Political Theory*. Vol. 29 n° 6, December 2001. MICHELMAM, Frank. *Brennan and Democracy*. Princeton: PUP, 1999.

BONNIE, Honnig. "Dead rights, Live futures. A Reply to Habermas's "Constitutional Democracy", *Political Theory, Vol. 29, number 6, December 2001, p. 766.*

Manoel Messias Peixinho

Democracia e constitucionalismo. Projeto constitucional e as regras do jogo democrático. Constituição circular e providential model. Legitimidade horizontal e temporalidade Inexorabilidade da história e triunfalismo. O direito vivo.

Esta resenha pretende destacar alguns pontos fundamentais levantados pela autora no seu diálogo com Habermas. As indagações não se restringem a uma mera reprodução do pensamento habermasiano. As reflexões de Hoing Bonnie demonstram que a constante tensão entre democracia e constitucionalismo resulta não somente de questões teóricas, mas, também, de eventos históricos, exigindo do intérprete uma consciência crítica em relação à temporalidade. A experiência norte-americana nas últimas eleições presidenciais de 2000, que culminou na intervenção da Suprema Corte, foi fundamental para vitória de George W. Bush e demonstrou que a democracia nem sempre é decidida exclusivamente por meio da vontade do povo. Este intervencionismo da *Suprem Court* no processo democrático configurou-se em exemplo paradigmático dessa constante tensão entre democracia e constitucionalismo no seio das democracias liberais. Porém, os conceitos de democracia e constitucionalismo transmudaram-se historicamente. Da democracia clássica, fundada na participação popular direta nas assembléias helênicas, a democracia moderna assume contornos diferenciados, ao centrar-se no apelo à lei positiva, abstrata e individualista, concebida como valor máximo do legislador racional.[2] Contudo, a relação entre democracia e constitucionalismo não significa alternativas excludentes, mas princípios que podem e devem conviver simultaneamente. Lei e Democracia estão intimamente relacionadas. As constituições não são documentos abstratos: espelham direitos específicos, procedimentos e valores resultantes de um jogo cujas regras provêm de um peculiar regime democrático. Do mesmo modo que a Democracia está em constante construção, a Constituição, para Habermas, é uma obra inacabada: os pais fundadores a escreveram, mas todos nós a ela também estamos submetidos. É preciso ponderar, não obstante, que a submissão a uma Constituição outorgada no passado não significa a obediência obsequiosa a tradições incrustadas em valores temporalmente estagnados. A geração do presente, ao recepcionar a Constituição, complementa-a e a inspira com renovados matizes — ao invés de recepcioná-la acriticamente — assumido a responsabilidade política de concretizá-la de acordo com dimensões históricas dinâmicas. Habermas concilia, deste modo, presente e futuro, democracia e constitucionalismo, diluindo-se a aparente paradoxal relação entre democracia e Constituição. O povo é o autor do projeto de uma democracia constitucional, cujas regras são res-

---

2. Cf. Jürgen Habermas. Constitutional democracy. A Paradoxical Union of Contradictory Principles? London: *Political Theory*, Vol. 29, number 6, December 2001, p. 766.

ponsáveis pela estabilidade do próprio procedimento democrático. Inexiste democracia sem normas. Ao vivenciar a democracia, o povo cria as regras e a elas se submetem como co-legislador, legitimando o projeto do constitucionalismo. Porém, o processo democrático não deve ser compreendido como um eterno retorno. Contestando Frank Michelman, para quem o processo democrático é capturado numa constituição circular, que conduz a um infinito regresso, Habermas rejeita o enclausuramento da história, consubstanciado num realismo moral cujas raízes fundam-se no providencialismo. Esse *providential model* é resultado de um problema "fundacionista[3]" resultante de um velho paradigma de autoridade arraigada na verticalidade das relações sociais. Habermas procura, antes, defender uma legitimidade horizontal, teleologicamente procedimental, em que lei e democracia transcendem a concepção filosófica conservadora de uma história inerte, passando a temporalidade a ter o sentido de "processo-síntese de uma contínua auto-aprendizagem". Mas, Bonnie Honig questiona: o que temos a ver com tudo isso? Ao responder a essa questão, Habermas argumenta que se o passado continua umbilicalmente associado às tradições preservadas, o presente e o futuro são ações legitimamente "re-construídas" pelas novas gerações[4]. Ao defender a

---

3. No original *Foundationalist's problem*.
4. Para Habermas, *in* Direito e Democracia — entre facticidade e validade. II —. Rio de Janeiro: 1997, p. 253, "a consciência revolucionária é o berço de uma mentalidade, a qual é cunhada através de uma nova consciência do tempo, de ma novo conceito de prática e de uma nova idéia de legitimação. São especificamente modernas: a

continuidade da História "através das" gerações, Habermas contesta, ao mesmo tempo, tanto aqueles que se apegam a uma visão estritamente temporal regressiva (*original intencionalist*), quanto aqueloutros que defendem a mera temporalidade transitória. (*realists e critical legal theorists*). Mas esse progresso inexorável termina por estabelecer uma síntese harmoniosa, sendo os perdedores simplesmente "convencidos" de seus equívocos? Para Bonnie, muitos embates constitucionais ainda não foram definitivamente vencidos. É inegável que as instituições mudam em decorrência de contingentes interrupções, avanços e regressões. Todavia, o resultado dessa interminável batalha pode nos transformar em pessoas despreparadas quando ressurgem velhos ressentimentos sepultados por um enganoso triunfalismo. As velhas idéias associam os seus defensores a agentes do atraso, apegados a um passado reacionário justamente porque podemos, segundo Bonnie, estabelecermos, arbitrariamente, o fim da história, quando, na verdade, não há um consenso quanto a esse fim. Os direitos não são instrumentos mortos, mas práticas vivas, devendo ser constantemente animados.

Bibliografia: complementar: HABERMAS, Jürgen. Constitutional democracy. A Paradoxical Union of Contradictory Principles? London: Political Theory, Vol. 29,

---

consciência histórica que rompe com o tradicionalismo de continuidades tidas como naturais; a compreensão da prática política que se coloca à luz da autodeterminação e da auto-realização; e a confiança no discurso racional, pelo qual passa a legitimação de todo poder político.

number 6, December 2001. — Direito e Democracia — entre facticidade e validade. II —. Rio de Janeiro: 1997.MICHELMAN, Frank L. How Can the People Ever Make the Laws? A Critique of Deliberative Democracy, in Deliberative Democracy. Edited by James Bohman and William Rehg.

COHEN, Joshua. Deliberation and Democratic Legitimacy, *in* Alan Hamlin e Philip Pettit (org.), *in The Good Polity — Normative Analysis of the State*, Oxford: Blackwell, 1989, pp. 17-34.

André de A. Torres*

O legado de Rawls. Momento de ruptura: a democracia não visa à realização dos ideais de justiça e eqüidade que modelam a posição original. A democracia consiste num ideal político auto-sustentável. Substituição do contrato hipotético pela noção de um procedimento ideal de deliberação que sirva de modelo para o comportamento das instituições políticas. Noções fundamentais que motivam o projeto de democracia deliberativa de Cohen: fato do pluralismo razoável e compromisso com a deliberação. Concepção formal de democracia deliberativa. Cinco características: perenidade, compromisso com a deliberação e seus resultados (base de legitimidade política), plu-

---

* Mestrando em Direito pela PUC-Rio.

ralismo, publicidade e igual respeito. Necessidade de acrescentar outros elementos normativos, configurando o procedimento ideal de deliberação que regulará a atividade das instituições política: a deliberação ideal é livre, motivada, igualitária e orientada para o consenso. Desafios: sectarismo, incoerência, injustiça e irrelevância. Considerações finais.

Dentre os modelos normativos de democracia deliberativa, dois desfrutam de um prestígio invejável, evidenciado pelo simples fato de que balizam o terreno no qual todas as demais reflexões sobre o tema são iniciadas. Refiro-me aos modelos propostos por John Rawls e Jürgen Habermas. Autores de indiscutível relevância no cenário contemporâneo, como James Bohman e Carlos S. Nino, por exemplo, buscam na reconciliação entre os elementos normativos centrais dos dois modelos, a construção de um ideal de democracia deliberativa capaz de superar as deficiências do modelo analítico de democracia baseado na agregação de interesses. Tal propósito também norteia as reflexões do filósofo político Joshua Cohen. Contudo, apesar de revelar inúmeros pontos de aproximação à perspectiva de Habermas, Cohen se destaca como sendo o mais fiel representante das visões de Rawls sobre a democracia deliberativa. O autor recorre a alguns dos elementos descritivos que Rawls considera como essenciais para uma adequada compreensão das atuais sociedades democráticas, dentre eles a idéia de uma sociedade como um sistema justo de cooperação entre cidadãos livres e iguais, o fato do pluralismo razoável, o fato da opressão e os limites do juízo. Também na esteira de Rawls, Cohen afirma que a democracia deliberativa possibilita um ideal de justificação política congruente com o igual respeito devido a cidadãos que, no uso efetivo das faculdades da razão prática, chegam a diferentes conclusões sobre as questões da vida moral. Não obstante esta estreita afinidade, que obviamente não se resume aos pontos mencionados, Cohen se distancia de Rawls ao negar o caráter meramente instrumental que este último atribui à democracia deliberativa.

Segundo Cohen, três são os aspectos centrais do conceito de política democrática na perspectiva de Rawls. Primeiro, numa democracia bem-ordenada, o debate político é organizado em torno de concepções alternativas sobre o bem comum. Uma concepção sobre o bem comum, nesta visão, está credenciada para participar do debate político à medida que se conforma aos dois princípios de justiça privilegiados por Rawls. Assim sendo, a versão de política democrática caracterizada pela barganha e/ou compromisso entre facções privadas, interessadas tão somente na implementação de vantagens particulares, se mostra inadequada para uma sociedade justa. Segundo, a adoção de um ideal de democracia bem-ordenada apresenta sérias implicações igualitárias: posições sociais e econômicas são irrelevantes sob o ponto de vista moral do debate político. Por fim, a política democrática encoraja e inculca certas virtudes e motivações nos cidadãos, que serão cruciais para o êxito na busca pelo bem comum. Cohen não se indispõe contra quaisquer dessas características, pois que também constituem o corpo do seu ideal de democracia deliberativa. O que está em disputa é o modo específico como Rawls as justifica: elas apenas refletiriam os ideais de justiça e eqüidade que restringem a conduta dos agentes racionais na posição original. Com efeito, as instituições políticas de uma sociedade democrática deveriam tentar ao máximo se espelhar nas condições de igualdade que norteiam tal deliberação hipotética. Ocorre que, segundo insinua Cohen, o recurso à posição original se revela insatisfatório. Nada há nesta estratégia que indique, por exemplo, que a política democrática deva se pautar em considerações sobre o bem comum. No intuito de superar tal dificuldade, Cohen insiste que não advoga uma visão meramente estratégica da democracia, explicada em termos de valores como os da justiça e da eqüidade, mas que, na sua visão particular, a própria democracia manifesta um ideal político normativamente autônomo (auto-sustentável), que tem como objetivo precípuo desvelar a conduta apropriada para lidar com questões públicas, ou melhor, indicar qual o mecanismo apropriado para se alcançar decisões coletivas legítimas. Este mecanismo, como seria de se supor, é a própria deliberação pública. Ao invés, então, de apelar a noções de justiça ou eqüidade, Cohen sugere que as instituições políticas devem se mirar no que ele denomina de procedimento ideal de deliberação. Mais importante ainda é que tal procedimento anima todo o projeto de Cohen com relação à democracia deliberativa.

Duas noções fundamentais motivam este projeto. Uma delas se refere ao ambiente no qual o autor pretende que suas idéias em relação à democracia deliberativa tenham plena aplicabilidade. Tal ambiente é permeado por aquilo que Rawls batizou de fato do pluralismo razoável, ou seja, sociedades democráticas se caracterizam pela existência de uma diversidade de concepções sobre a vida digna, muitas vezes incompatíveis e irreconciliáveis entre si, mas que, mesmo assim, observam critérios de razoabilidade no *exercício* de suas convicções. Mais do que isso, Cohen enxerga esta pluralidade, não como um infortúnio a ser lamentado ou uma aberração a ser corrigida, mas sim como o resultado normal do exercício da razão prática sob condições favoráveis de liberdade, apresentando um diagnóstico muito semelhante ao traçado por Rawls sobre os limites do juízo. Apesar da centralidade do fenômeno do pluralismo razoável para a justificação do modelo deliberativo, Cohen não atribui muita importância à sua análise. O tema, que tem influência decisiva no ideal de comunidade política proposto pelo autor, foi objeto de um exame mais minucioso em outro lugar (COHEN, 1996). No artigo em comento, no entanto, é a segunda noção fundamental que desperta maior atenção. Segundo Cohen, os cidadãos de uma democracia bem-ordenada compartilham um compromisso de estabelecer, através da deliberação, os termos e condições que hão de disciplinar a convivência social e política. Em virtude deste compromisso, uma decisão coletiva será considerada legítima e, portanto, vinculativa para todos, na medida em que a estrutura política forneça todas as condições institucionais e sociais necessárias para a promoção de uma deliberação pública livre entre todos os cidadãos. Cumpre notar, entretanto, que é ao menos misteriosa a origem do mencionado compromisso. Nada obstante, tal assunção é de importância incontestável para as subseqüentes reflexões de Cohen: cabe ao modelo deliberativo de democracia o papel de institucionalizar este compromisso, ou ideal, de que a vida política de uma sociedade seja regulada por fóruns deliberativos de decisão coletiva. Tendo em vista esse fato, Cohen inicia uma descrição mais pormenorizada desse próprio ideal, através do que classifica como concepção formal de democracia deliberativa, para após, imprimindo um caráter mais substantivo à democracia deliberativa, ser capaz de formular um procedimento ideal de deliberação que sirva como modelo para o comportamento das instituições políticas.

O cerne da concepção formal de democracia deliberativa é constituído por cinco características. Primeiro, a democracia deliberativa deve ser vista como uma associação permanente e autônoma. Ela não está programada para ou condicionada à consecução de determinada finalidade que, uma vez exaurida, torna a deliberação pública a respeito de questões políticas fundamentais uma exigência estéril. Segundo, os cidadãos compartilham um compromisso de estabelecer os termos de convivência política e social através da deliberação, sentindo-se obrigados a respeitar e agir conforme as normas que resultem dos fóruns públicos de deliberação. "Para eles, a base da legitimidade reside na deliberação livre entre iguais". Terceiro, a democracia deliberativa é uma associação pluralista. Ao reconhecer o fato do pluralismo razoável, Cohen esvazia a possibilidade de que um determinado grupo se aproprie do Estado para impor, sobre os demais cidadãos razoáveis, um sistema particular de preferências, convicções, ou ideais que estes últimos sejam incapazes de sancionar pelo simples uso da razão. Quarto, não basta para a legitimidade de uma norma que a mesma tenha resultado de procedimentos deliberativos, mas que tal liame entre deliberação e decisão seja evidente aos olhos de todos os cidadãos inseridos no âmbito de incidência da norma. Trata-se, claramente, de um critério de publicidade: "(os cidadãos) preferem instituições nas quais os vínculos entre deliberação e resultados são evidentes àquelas nas quais os vínculos não são tão claros". Finalmente, todos os cidadãos de uma democracia deliberativa reconhecem-se como portadores das capacidades necessárias para a articulação de razões nos fóruns políticos e para a observância — indispensável à estabilidade — das normas provenientes do diálogo público. Ao ver de Cohen, entretanto, outros elementos normativos devem se juntar à concepção formal no intuito de fornecer um modelo ideal de deliberação que possa efetivamente moldar o comportamento das instituições políticas de uma sociedade democrática pluralista. Quatro elementos compõem, assim, o procedimento ideal de deliberação instituído por Cohen.

Em primeiro lugar, a deliberação ideal é livre ou autônoma. Para isso, duas condições devem ser satisfeitas. De acordo com a primeira, as propostas avançadas pelos participantes não estão condicionadas à autoridade de qualquer norma ou requerimento preexistente. Neste aspecto particular, o modelo de Cohen se distancia do proposto por Rawls que, ao adotar o princípio da neutralidade como parâmetro de legitimidade política, recomenda que o debate dos cidadãos no espaço público se oriente exclusivamente pelos princípios da concepção política de justiça objeto do consenso sobreposto. Em Cohen, apenas as precondições da deliberação restringem a conduta dos participantes. Já a segunda dispõe que a gênese deliberativa de uma norma constitui razão suficiente para que a conduta dos cidadãos se paute pelos seus preceitos. Em segundo, a deliberação ideal é motivada: toda manifestação a favor ou contra determinada proposta política deve ser suportada por razões. É o convencimento, e não a força ou qualquer outra forma de manipulação, que orienta a relação entre cidadãos que discordam sobre o bem e que mantêm um compromisso de resolver suas diferenças através da deliberação. Terceiro, na deliberação ideal os participantes são considerados como formalmente e substantivamente iguais. Formalmente, porquanto as regras que regulam o procedimento deliberativo não discriminam quaisquer dos participantes. Todos têm um igual direito de influir na agenda política. Substantivamente, à medida que a atual distribuição de poder e recursos (talentos, posses e riquezas) não afeta as chances que cada cidadão tem para influenciar decisões políticas. Finalmente, a "deliberação ideal almeja alcançar um *consenso* racionalmente motivado". Isso significa que os participantes de uma discussão política devem avaliar as razões disponíveis, simultaneamente, a partir de sua própria perspectiva e da perspectiva dos demais, visando descobrir princípios vinculativos para a conduta, que possam ser aceitos por todas as perspectivas envolvidas. A deliberação orientada para o consenso envolve muito mais do que permitir o acesso e a manifestação do mais amplo espectro de vozes dissonantes. Ela procede a uma espécie de filtragem de razões: somente as razões que gozem da aceitação de todos os cidadãos razoáveis devem comandar o diálogo público. Conquanto esta seja a regra, Cohen admite que, na falta de tais razões consensuais, ou públicas, o voto majoritário deve ser admitido.

Ao final, com todo o procedimento devidamente esmiuçado, Cohen trata de rebater quatro críticas decisivas para o sucesso do seu ideal de democracia deliberativa: sectarismo, incoerência, injustiça e irrelevância. A deliberação ideal não é sectária, à medida que deriva de uma visão a respeito da justificação política, e não de uma concepção de orientação aristotélica que vê a participação política como o ingrediente precípuo de uma vida digna. Também não é incoerente, pois somente através das instituições que estruturam a deliberação podem os cidadãos construir preferências de forma autônoma. Tais instituições, assim, não se constituem em restrições estranhas e contrárias ao processo de formação de preferências pelos cidadãos. A deliberação ideal não é injusta, pois não se confunde com teorias puramente procedimentais: as garantias individuais não se resumem àquelas intrinsecamente ligadas ao processo democrático, sendo exemplo paradigmático a liberdade religiosa. Por fim, responde à objeção de irrelevância, afirmando que não há mérito na reivindicação de que somente a democracia direta é capaz de institucionalizar o ideal de democracia deliberativa. Na ausência de participação, Cohen propõe a criação de arenas deliberativas paralelas ao Estado, que sirvam ao propósito de superar as desigualdades de natureza política e econômica que permeiam até as instituições das sociedades democráticas mais avançadas.

O modelo de Cohen, apesar de silenciar sobre questões fundamentais, oferece uma interessante alternativa à empobrecida e desgastada prática política que impera nas democracias contemporâneas, prática essa infelizmente reverenciada por alguns e assimilada por tantos outros. A ênfase na deliberação contribui para a construção de um ideal de amizade cívica, baseado em virtudes como a moderação, a empatia e a tolerância. Essas virtudes, aliadas a tantas outras, nos ajudam a compreender que, no atual cenário de pluralismo razoável, a política pode oferecer algo mais que o embate entre inimigos morais acentuado por Schmitt, pode significar mais do que a luta permanente entre facções pela maior porção dos recursos públicos, pode, enfim, reunir cidadãos — profundamente divididos por suas convicções últimas sobre a vida — na busca pelo bem comum. A alusão ao consenso, por sua vez, traz conseqüências consideráveis para as pretensões de minorias, invariavelmente repelidas sob formas tradicionais de democracia majoritária. Também o consenso, ao exigir que as razões articuladas no debate político possam ser aceitas por todos os participantes envolvidos, resume uma instância de autodeterminação, de exercício da autonomia política, condizente com a crescente identificação dos cidadãos como não só destinatários, mas também autores das normas que regulam sua conduta. Enfim, se não necessariamente inova, Cohen fortalece a recente virada deliberativa na teoria democrática, fornecendo todo um instrumental para a superação dos modelos normativos de democracia até então dominantes.

Bibliografia Complementar: *Democratic Equality*. Ethics, vol. 99 (July, 1989), pp. 727-751. Substance and Procedure, in Deliberative Democracy, *in* Seyla Benhabib (org.), Democracy and Difference — Contesting the Boundaries of the Political. Princeton: Princeton University Press, 1996, pp. 95-119

BESSETTE, Joseph. *The Mild Voice of Reason: Deliberative Democracy & American National Government.* Chicago : The University of Chicago Press, 1994.

Alexandre Delduque Cordeiro*

>Bessette e as origens da democracia deliberativa. A ênfase na prática política norte-americana. As divergências com Jon Elster e James Bohman. A ótica dos *framers* na constituição dos Estados Unidos da América: democracia enérgica e democracia deliberativa. O papel do Congresso como o *locus* apropriado para a deliberação nos EUA. A defesa intransigente do sistema de representação e sua lógica na produção legislativa. As vantagens do representante em relação ao representado. A "noção fria" de representação. A preocupação com os resultados práticos da democracia deliberativa.

Joseph M. Bessette sustenta um ponto-de-vista muito particular sobre a democracia deliberativa, identificando-a como uma prática de produção de políticas públicas originariamente norte-americana. Sua obra não reflete uma preocupação do assunto em nível mais elástico, isto é, num âmbito mais universal. Tanto é verdade que, enquanto seus conterrâneos Jon Elster e James Bohman localizam as origens da democracia deliberativa em trechos atribuídos a Péricles, na Antiga Atenas, ou no discurso de Burke aos eleitores de Bristol, em 1774,

---

* Professor da Universidade Cândido Mendes, Mestre em Direito pela PUC-Rio e Procurador da Fazenda Nacional.

Bessette afirma, desde logo, ser a democracia deliberativa uma criação consciente dos delegados da Convenção Constitucional de 1787. E essa afirmação fica evidente já a partir do título da obra sob comento, *The mild voice of reason — deliberative democracy & american national government*. Como parece ficar claro ao longo da presente resenha, Bessette se apresenta como um fervoroso defensor da prática política norte-americana.

A segunda singularidade de Bessette — e talvez sua contribuição mais original ao debate — está no destaque que ele dá ao poder legislativo americano. O Congresso, segundo o autor, foi idealizado para ser o principal local de deliberação no governo nacional americano. O autor faz essa afirmação já no intróito de obra acima mencionada: *"because Congress was designed to be the principal locus of deliberation in American national government, much of the analysis here is a detailed of evidence for and against the case that the modern Congress remains in important respects a deliberative institution"*. E, na defesa do Congresso, como o foro próprio de discussão política, chega mesmo a afirmar que a barganha, um mecanismo distorcido de elaboração de decisões coletivas (distinto, portanto, da deliberação), bem analisado por Jon Elster, não seria tão predominante no Congresso dos EUA, quanto em outras casas legislativas. Como corolário dessa premissa, Bessette advoga a capacidade da produção da *public voice* através do sistema de representação, não obstante as sensatas observações de Jon Elster a esse instrumento político. Elster reconhece que o sistema de representação padece de certos vícios, especialmente o fato de o representante não conseguir se desvincular de seus próprios interesses na defesa dos interesses coletivos, o que macularia a "neutralidade" do processo deliberativo. Bessette, ao contrário, sustenta que a própria constituição americana foi o resultado de um processo democrático de facções, e que a representação proporcionou meios eficazes de controle das maiorias.

A terceira e última peculiaridade do autor em análise, que o distingue sensivelmente de outros acadêmicos, em especial James Bohman, está no fato de Bessette preocupar-se com os resultados concretos das políticas públicas produzidas através da deliberação. O autor não se ocupa com questões ideais ou filosóficas que cercam o tema. Em suas próprias palavras: "*thus, the approach here is both descriptive, or empirical, and normative. Analyzing U. S. national government as a deliberative democracy goth enhances our understanding of the real working of American democracy provides us with a set of norms or standards for assessing how our governing institutions ought to work*".

Como já afirmamos, Bessette identifica o nascedouro da democracia deliberativa com a fundação dos Estados Unidos da América, no final do século XVIII. Corroborando o que já foi dito a respeito de sua pouca preocupação com um modelo universal da democracia deliberativa, ele nem sequer faz referência às práticas democráticas atenienses, como o faz Jon Elster. O ponto-de-vista deste é radicalmente oposto, na medida em que o estudo da democracia deliberativa seria um *revival* e não de uma *innovation*. Para Elster, a idéia de democracia deliberativa é tão antiga quanto a própria democracia. Ao contrário, Bessette analisa o histórico da democracia deliberativa, sugerindo que os arquitetos da ordem constitucional norte-americana rascunharam um novo modelo estatal com dois traços qualitativos: a energia e a deliberação. A *energetic democracy* garantiria a segurança nacional e os interesses vitais contra as ameaças externas, além de permitir que as leis fossem efetivamente aplicadas no território americano. Já a *deliberative democracy* permitiria que as leis destinadas aos americanos fossem criadas através de um processo racional de decisão coletiva.

Dessa maneira, os *framers*, isto é, os fundadores do novel estado acreditavam que se a democracia houvesse de ser bem-sucedida, o processo legislativo deveria refletir a noção fria, racional, da comunidade. A deliberação, através do sistema representativo, proporcionaria meios de inibir os ímpetos às vezes irracionais do povo. A voz da cidadania deveria passar pelos representantes eleitos, que estariam mais aptos a refletir sobre os sentimentos populares e promover a regra da maioria. Na defesa do sistema de representação, Bessette não esconde seu talante conservador e elitista. Ele afirma que duas razões justificariam um melhor desempenho dos representantes eleitos em relação à democracia direta, nos moldes suíços. A primeira consistiria na premissa segundo a qual os homens públicos são tipicamente mais conhecedores e experientes nos *affairs of state* que os seus eleitores. Em segundo lugar, o representante trabalha em um ambiente institucional que encoraja a razão coletiva enquanto os seus eleitores freqüentemente não dispõem de tempo, aptidão, nem tampouco um ambiente apropriado para tal experiência.

Por outro lado, amenizando de certa maneira o discurso, Bessette não nega que a democracia deliberativa implica que tanto representante quanto representado compartilhem os mesmos valores básicos e objetivos, até porque toda produção legislativa necessariamente seria contaminada pelos interesses e inclinações da população a qual se destina. A democracia deliberativa dos arquitetos do constitucionalismo norte-americano não se confundiria nem com a democracia direta, onde o povo diretamente toma as medidas legislativas, nem com a proposta de Edmund Burke, onde o virtuoso representante, escolhido livremente pela comunidade, não teria esse vínculo com os interesses e valores dessa mesma comunidade.

Em resumo, o aparato estatal engendrado pelos *framers*, entre os quais o legislativo bicameral (onde uma das casas poderia "arrefecer" as medidas deliberadas na outra), a Suprema Corte com juízes vitalícios e uma presidência extremamente fortalecida, dotada do poder de veto, visava a moderar as demandas populares: *"the people know from experience that they sometimes err"*. Para Bessette, a democracia deliberativa foi, portanto, uma criação consciente daqueles fundadores do estado americano que se depararam com uma multiplicidade de interesses locais, os mais diferentes possíveis, que precisariam ser urgentemente atendidos. A democracia deliberativa, assim, não se prestou, *rectius*, não se presta, como um meio para depuração ou aperfeiçoamento das decisões públicas, mas um instrumento de controle dos ímpetos populares, com a finalidade de atingir resultados concretos na vida pública norte-americana.

Bibliografia complementar: BESSETTE, Joseph. *The mild voice of reason — deliberative democracy & ameri-*

can national government. Chicago : The University of Chicago Press, 1994. BOHMAN, James. *Public deliberation — pluralism, complexity and democracy.* Cambridge : The Mit Press, 1996. ELSTER, Jon. *Deliberative democracy.* Cambridge : Cambridge University Press, 1997.

ELSTER, Jon. *Deliberative Democracy.* New York: Cambridge University Press. 1998.[5]*

Guilherme Pereira e Filomeno Espírito**

O que é Democracia Deliberativa. A perspectiva de Elster. A lógica da argumentação. A deliberação. O precompromisso. Conclusão.

Trata-se de um filósofo político essencial para o estudo da Democracia Deliberativa, que a define sob dois aspectos, a saber: um democrático, em que se inclui uma tomada de decisão coletiva com a participação de todos aqueles que serão afetados pela mesma; e outro, deliberativo, no sentido de que todos, sob os valores da racionalidade e imparcialidade, devem estar de acordo com a

---

5. A análise do presente autor, além do referido texto, seguiu a substancial contribuição do artigo Democracia y deliberación. Una Reconstrucción del modelo de Jon Elester, escrito por José Luiz Martí Mármol.
* Mestrando em Direito pela PUC-Rio.
** Mestre em Direito pela PUC-Rio.

decisão adotada pelo grupo, através de argumentos oferecidos pelos participantes.

Todavia, Elster relaciona democracia, política e economia por meio dos conceitos de mercado — retirado da teoria econômica clássica — e fórum — espaço principal da comunidade onde os cidadãos se unem para buscar o bem comum —, levando em conta três perspectivas, quais sejam: teoria da eleição social, a teoria que liga política a fórum e uma teoria intermediária.

A teoria da eleição social, cuja a esfera política eqüivale a um mercado, tem como objetivo alcançar o compromisso entre os consumidores. Por sua vez, a segunda teoria, aquela que vincula a idéia de política com a noção de fórum, afasta as considerações econômicas e, por efeito, torna a política e a vida pública com fim valioso em si mesmo; e, por fim, a teoria intermediária, abraçada pelo filósofo, reconhece que o funcionamento da política deve ser conforme um fórum, porém sem descartar, por completo, as influências econômicas.

Assim, o autor, a fim de sustentar esta última teoria, analisa o procedimento de tomada de decisão coletiva na democracia atual, defendendo a posição segundo a qual a lógica da argumentação, que se fundamenta nos valores da razão e imparcialidade, deve prevalecer, sem, contudo, se excluam outras lógicas, tais como a lógica do voto e da negociação.

Na verdade, os valores da racionalidade e imparcialidade têm fundamento no fato de que as opiniões e demandas de todos os participantes são, respectivamente, escutadas e consideradas, podendo, portanto, serem admitidas críticas dos demais, mas desde que de forma lógica, argumentativa e principalmente em prol do interesse público, o que contribuirá para afastar as preferências auto interessadas e estabelecer a força civilizadora da hipocrisia.

A tônica da deliberação em Elster se refere sobretudo ao processo constituinte, o qual, além de ser democrático, tem nas assembléias constituintes o fórum propício para eleição de propostas políticas concretas e, via de conseqüência, obter a justificação da decisão pública. A deliberação pode ter uma dimensão formal, em que se analisa se uma determinada decisão deve ou não ser deliberada naquele fórum e, por outro lado, um aspecto material, que visa verificar os temas deliberados e se eles foram ou não aceitos na discussão pública.

O problema maior apreciado pelo autor é se toda e qualquer questão pública poderá ou não ser deliberada e, por outro lado, se tal decisão tem que estar ou não dentro do limite estabelecido pela Constituição.

Nestes pontos, que estão interligados, Elster sinaliza inicialmente no sentido de que há limites constitucionais, visto que na democracia constitucional, fundamentada num conjunto de instituições estáveis, não deve desprezar seus organismos por razão de ter sido estabelecido, numa dada época, certos precompromissos constitucionais irreversíveis que levaram em mente o respeito aos direitos individuais e a proteção das regras básicas da democracia.

Em tais condições, o temor de Elster consiste sobretudo na possibilidade de uma maioria, não submetida a limites constitucionais, sob o argumento da ameaça externa ou interna, estabelecer, ainda que temporariamente, a suspensão de direitos e liberdades civis e, assim, dar ensejo ao regime ditatorial como também a derrocada da própria regra da maioria.

Para o filósofo, os precompromissos, legitimam a autolimitação irreversível, isto é, fazem com que as decisões obedeçam o preconizado pela Carta Magna que, excepcionalmente, poderá ser rompida quando ocorrerem razões morais justificáveis.

Não obstante isto, o autor não fecha os olhos para a existência, num regime democrático, de situações "paradoxais da democracia", não só pelo fato de que, paradoxalmente, há limites constitucionais que podem ser rompidos por motivos morais justificáveis e, ainda, por exemplo, quando uma geração liberal impõe medidas não liberais para se prevenir da geração não liberal ou, em última hipótese, uma geração se arroga no direito de não seguir a geração anterior, mas, contraditoriamente, deseja amarrar a sua sucessora.

Enfim, muito embora Elster tente implementar um modelo próprio e racional para a Democracia Deliberativa, não formula um modelo completo e não expõe, de forma clara, em que casos se pode ter as razões morais justificáveis propiciadoras da quebra dos limites constitucionais, o que não diminui sua contribuição para a efetiva consolidação de práticas democráticas e o desenvolvimento de procedimentos decisórios participativos.

Bibliografia complementar: Mármol, José Luis Martí. *Democracia y Deliberación. Una Reconsctrucción del modelo de Jon Elster*. Revista de Estudios Políticos do Centro de Estudos Políticos y Constitucionales, n.º 113. Nueva Época. Julio/Septiembre de 2001.

BENHABIB, Seyla (ed.). Democratic Moment and the Problem of Difference. *In:* _____. *Democracy and Difference — Contesting the Boundaries of the Political.* New Jersey: Princeton University Press, 1996.

Paulo Murillo Calazans

Entre liberais e republicanos — a co-originalidade. Garantia de Racionalidade e de Legitimidade do Processo Decisório na Democracia Deliberativa. Três argumentos em favor do perspectiva procedimental. Estado Democrático de Direito: Motivação, Publicidade e Reexame. Constitutional Minimums e Pluralidade. Debate Argumentativo e Resolução de Conflitos. Sociedades Complexas e a Impossibilidade da Onicracia: Descentralização dos fóruns de deliberação.

A partir do enfrentamento entre a proposta liberal, que enfatiza a primazia da autonomia privada (direitos individuais fundamentais), e a posição republicana, que prestigia a autonomia pública (soberania popular), vários pensadores contemporâneos vêm trabalhando no sentido de construir de uma ponte que possa aproximar, como aspectos *co-originais*, ambos espectros da democracia, onde, por um lado, se verifique que a garantia da ampla participação dos cidadãos no processo político depende da institucionalização de determinados direitos e garantias fundamentais, e, por outro, que é o próprio exercício do discurso público igual e livre que permite a efetiva realização dos direitos fundamentais elencados como tais pelas sociedades e suas ordens normativas.

A presunção de legitimidade e de racionalidade dos processos decisórios democráticos vincula-se diretamente à amplitude do debate político que lhe precedeu, se tornando tão mais efetiva quanto maior for o grau de liberdade de participação da comunidade, tanto no atinente ao próprio processo deliberativo, quanto aos participantes que nele tomaram parte.

Ao mesmo tempo, pode-se afirmar que a legitimidade das instituições e o exercício do poder que lhes é atribuído para a consecução dos objetivos de interesse geral colimados também são vistos pela comunidade como uma característica adquirida pelo *processo* de tomada de decisão imparcial, em que as próprias diretrizes estabelecidas para o procedimento discursivo tenham sido emanadas da discussão pública, aberta, livre e igual entre os cidadãos.

Neste sentido, Seyla Benhabib propõe que o processo deliberativo, de sorte a conferir a validade pretendida à ordem normativa e legitimidade às instituições democráticas, contenha as seguintes características: (1) as normas de participação asseguram a igualdade e a simetria entre os participantes; (2) a pauta de debates pode ser ela própria questionada; (3) as regras do debate também podem ser questionadas.

A garantia de racionalidade das decisões tomadas se apóia no processo construtivo discursivo, a partir do exercício da razão prática, com base em um procedimento deliberativo democrático realizado entre pessoas livres e iguais, e dentro de regras — elas mesmas "construídas" — em que é assegurada a maior amplitude de debate possível.

Três razões principais são apontadas por Seyla Benhabib para sustentar a insuperável importância do processo deliberativo democrático para a racionalidade das decisões: (1) O processo deliberativo tem o condão de distribuir informações entre todos os participantes. Como é intuitivo, nenhum indivíduo tem o domínio de todos os diferentes pontos-de vista dos demais interlocutores e interessados a respeito das diversas e inesgotáveis questões éticas e políticas postas em debate. Além disso, ninguém detém a totalidade das informações disponíveis acerca de determinado tema colocado em discussão. Assim, o processo deliberativo é, antes de mais, um processo para divulgação e troca de informações e conhecimento. (2) Os pontos de vista respeitantes às questões políticas e sociais — em especial as mais complexas — não são hierarquizados em ordem de preferência pelos indivíduos, ao contrário do que defende grande parte da teoria política influenciada pelos modelos racionais econômicos. Com efeito, a valoração individual que cada participante de um debate atribui aos diversos aspectos morais e políticos da vida em sociedade apenas ocorre após o momento deliberativo, uma vez que é através deste que nasce a possibilidade de reflexão do indivíduo sobre seus próprios entendimentos, a partir das novas informações trazidas pelos demais participantes do processo deliberativo e da ponderação em torno de novos pontos de vista argumentados e defendidos durante o debate. A clareza e o domínio sobre determinados assuntos surgem durante o processo interativo de discussão e deliberação, e a hierarquização valorativa individual em relação às preferências particulares surge *a posteriori* do processo deliberativo, como produto e não como causa ou premissa. (3) A própria tarefa de expor os seus pontos de vista em público e argumentar em seu favor exige que o orador produza boas e convincentes razões perante o seu auditório, o que, por sua vez, também o remete a uma consideração prévia e antecipada de suas visões e posicionamentos antes de expô-los publicamente. Nesse momento, dentro do propósito de obter a adesão dos demais participantes da deliberação aos seus posicionamentos, o locutor também se vê obrigado a justificar suas opiniões e torná-las coerentes, de forma a convencer aqueles da plausibilidade de suas propostas ou pontos de vista.

Esse aspecto tem fundamental importância tanto para a relação entre os membros da comunidade entre si, como para suas relações com as instituições democráticas do Estado. Deriva deste imperativo o princípio da fundamentação ou da motivação, que se tornou uma característica ínsita à própria noção de Estado de Direito, onde as decisões do Estado devem ser justificadas perante todos, de forma a serem aceitas pela força dos argumentos delineados ou rejeitados e submetidos aos diversos tipos de revisão previstos em cada ordenamento jurídico. E, paralelamente, tornou-se também um marco indeclinável do Estado democrático o princípio da publicidade, pelo qual se traz ao conhecimento de toda a comunidade, não somente as decisões tomadas — a fim de evitar o arbítrio infundado —, mas sua própria fundamentação, para que o direito de contradição à justificação produzida possa ser, conforme acima observado, efetivamente realizado.

Aliás, é a própria possibilidade de reexame dos argumentos produzidos durante o processo deliberativo que obstrui, em certo grau, a possibilidade do exercício irrestrito da ação instrumental ou estratégica, entendida como aquela voltada para os interesses individuais egoísticos ou espúrios. As regras procedimentais da democracia deliberativa, por óbvio, não asseguram o controle sobre a qualidade das razões aduzidas durante o discurso; tampouco sobre o resultado da deliberação, mas é esta própria incerteza que, até certo ponto, assegura a eficácia do modelo racional discursivo de produção normativa, já que as regras processuais do debate são preestabelecidas e os pontos-de-partida igualmente conhecidos, enquanto os resultado não o são. Por outro lado, o procedimento deliberativo aberto à livre e igual participação dos membros da comunidade sobre a qual as futuras decisões irão produzir seus efeitos atribui a validade pretendida à regra da maioria, já que a decisão majoritária torna-se boa não pelo simples fato da superioridade numérica apurada no momento da escolha (voto), mas exatamente porque retrata o convencimento da maior parte do grupo deliberante em favor de um determinado ponto de vista, até que o mesmo possa ser revisto publicamente em novo momento deliberativo. A este respeito, Seyla Benhabib demonstra que a aceitação do resultado de uma determinada deliberação majoritária indica o acordo sobre a justeza e a correção do procedimento adotado, conduzido dentro das regras inicialmente concebidas e acordadas, independentemente da concordância com o resultado da deliberação.

Além da necessária preocupação com a viabilidade de tal modelo procedimental no plano da prática democrática política, a proposta deliberativa também enfrenta três complexas questões, às quais faz alusão Seyla Benhabib. Em primeiro lugar, está a pluralidade característica das sociedades contemporâneas, que contêm uma diversidade infindável de valorações morais e preferências individuais. Impõe-se, como imperativo derivado do próprio respeito à dignidade humana, a convivência entre a força da soberania popular e os direitos individuais fundamentais. Assim é que, a par da observância e do reconhecimento de determinados direitos constitucionais (*constitutional minimums*) essenciais, imanentes à própria existência e dignidade humanas, e também às concepções individuais sobre o bem, há de se reconhecer igualmente as diversas tradições e costumes que integram as distintas formas de vida compartilhadas.

Em segundo lugar, além da diversidade quanto às preferências morais, a vida em comunidade experimenta habitualmente o conflito de interesses. Nesse sentido, são os procedimentos de deliberação democrática que possibilitam a resolução dos inúmeros conflitos existentes nas sociedades complexas, assegurando àqueles, cujos interesses foram prejudicados pelas decisões tomadas, a representação de suas postulações pelas várias vias processuais disponíveis e reconhecidas por todos, legitimando o modelo normativo democrático através da cooperação mútua em torno dos procedimentos adotados — exemplo do qual é o princípio da lealdade processual.

Por último, está a secular questão da impossibilidade factual da onicracia, isto é de um regime onde a totalidade dos membros da comunidade reunir-se-ia habitualmente para debater os problemas afetos ao seu dia-a-dia.

Neste ponto, o modelo deliberativo de democracia trabalha com a concepção habermasiana de modalidades múltiplas de arenas deliberativas informais, retirando das instituições parlamentares oficiais o monopólio da deliberação e da produção normativa, dentro de um movimento descentralizador da esfera pública, reduzindo sobremodo as fronteiras separadoras da sociedade civil e do Estado, conforme tradicionalmente concebidos pela Teoria do Estado.

Bibliografia complementar: BENHABIB, Seyla (ed.). *Democratic Moment and the Problem of Difference, in Democracy and Difference — Contesting the Boundaries of the Political*, New Jersey: Princeton University Press, 1996; CATTONI, Marcelo. Devido Processo Legislativo — Uma Justificação democrática do controle jurisdicional de constitucionalidade das leis e do processo legislativo. Belo Horizonte: Mandamentos, 2000; CITTADINO, Gisele. Pluralismo, Direito e Justiça Distributiva, Rio de Janeiro: Lumen Iuris, 2ª ed., 2000; COHEN, Joshua (ed.). *Deliberative Democracy — Cambridge Studies in the Theory of Democracy*, Cambridge: Cambridge University Press, 1998; KOH, Harold Hongju & SLYE, Ronald C. (ed.). *Deliberative Democracy and Human Rights*, New Haven: Yale University Press, 1999; MACEDO, Stephen (ed.). *Deliberative Politics — Essays on Democracy and Disagreement*, New York: Oxford University Press, 1999; SOUZA NETO, Cláudio Pereira. Jurisdição Constitucional, Democracia e Racionalidade Prática, Rio de Janeiro: Renovar, 2002.

BOHMAN, James. *Public deliberation: pluralism, complexity and democracy*. Cambridge: The Mit Press, 1996.

Flávio Elias Riche

Rawls e Habermas: paradigmas da deliberação pública. Críticas às concepções hodiernas da democracia deliberativa: impraticáveis e desprovidas de realidade. A deliberação pública na visão de James Bohman: descritiva, normativa, prática (teoria crítica). Valor epistemológico da deliberação pública: otimização do processo decisório e incremento qualitativo da justificação política. Cooperação social: a deliberação pública enquanto *joint activity*. A problemática do multiculturalismo na deliberação pública. Critério de sucesso da deliberação pública. O uso público da razão: não-tirania, igualdade e publicidade. Publicidade forte e publicidade fraca. Três níveis de publicidade. Imparcialidade e publicidade: uma relação não-necessária. Discurso versus diálogo. Modelo dialógico de deliberação pública e seus mecanismos.

Ao tratar da deliberação pública, James Bohman toma como ponto de partida as concepções desenvolvidas pelos expoentes centrais do liberalismo político e da teoria crítica: John Rawls e Jürgen Habermas, sem deixar de assinalar que sua proposta estaria mais próxima do primeiro que do segundo. Ainda que em regra a democracia deliberativa seja elaborada enquanto alternativa à democracia baseada nos interesses, isso não significa que esteja imune à críticas. As principais delas dizem respeito à sua falta de realidade, ao fato de ser muitas vezes impraticável e também, especialmente por parte de autoras feministas, o caráter elitista e também falocrata do discurso, que funcionaria muito bem em seminários acadêmicos e comunidades científicas, mas que seria inepto para o público em geral.

Reconhecendo a procedência de tais críticas é que Bohman propõe pensar a deliberação pública através de bases mais sólidas e efetivas. Daí sua referência aos três elementos centrais teoria crítica, que ele busca implementar. Não basta que um modelo de deliberação pública parta de uma rígida descrição e contenha elementos normativos e ideais; é preciso ainda que esse modelo seja dotado de praticidade suficiente para demonstrar como é possível a transformação da realidade, das circunstâncias que ele busca criticar.

Bohman define a deliberação pública como um processo dialógico de troca de razões com o objetivo de resolver situações problemáticas que não podem ser determinadas sem coordenação intersubjetiva e cooperação social. Aqui existem duas questões relevantes. Primeiro, a deliberação pública traz em si vantagens epistemológicas, seja ao promover a otimização do processo decisório, seja ao promover o incremento qualitativo da justificação política. Em segundo lugar, a deliberação pública, por sua própria definição, se traduz necessariamente numa atividade cooperativa conjunta e condizente com as sociedades complexas e pluralistas contemporâneas. E essa temática vai estar presente em todo o desenvolvimento da teoria do Bohman; através da deliberação pública, ele tenta fazer a ligação entre a teoria da democracia e a problemática do multiculturalismo.

Interessante notar que a deliberação pública para o autor de modo algum deve ser obrigatoriamente teleológica, guiada pelo e para o consenso. Bohman coloca o critério de eficácia da deliberação em outro lugar. A seu ver, um processo deliberativo obtém sucesso na medida em que os participantes dessa atividade conjunta reconhecem que contribuíram e influenciaram a produção dos resultados, mesmo quando venham a discordar dos mesmos. Isso porque, num diálogo livre e aberto, os cidadãos cooperam para a deliberação por acreditarem que suas visões razoáveis serão incorporadas às decisões de forma favorável, ou ao menos não desfavorável, não prejudicial a eles.

Fundamental também destacar a forma pela qual Bohman entende o uso público da razão. Para o autor, as razões que sustentam uma decisão política serão públicas na medida em que sejam convincentes o suficiente para motivar cada cidadão, inclusive os dissidentes, a continuar a cooperar na deliberação mesmo após a decisão ter sido feita. Isso só é possível numa deliberação livre e racional, na qual cidadãos possuam capacidades iguais de voz efetiva, motivo pelo qual toda deliberação pública deve atender ao menos a três condições mínimas: *não-tirania, igualdade* e *publicidade*.

No que concerne à publicidade, Bohman distingue o sentido fraco do sentido forte. Num sentido fraco, a publicidade significa apenas a possibilidade de todos cidadãos terem conhecimento de toda e qualquer tentativa de influenciar a deliberação. Num sentido forte, a publicidade representa uma norma do diálogo capaz de garantir que todos os falantes possam participar efetivamente da arena de debate e discussão, exigência esta fundamental para a produção da cooperação social. Em uma frase, entendida enquanto uma atividade conjunta, não basta à deliberação apenas uma publicidade fraca; é preciso também a existência da publicidade em sua acepção forte. Ademais, a publicidade trabalha em três níveis: criando o espaço social para a deliberação, governando os processos de deliberação e as razões neles produzidas, e provendo um padrão a partir do qual os acordos possam ser avaliados.

Contudo é na rejeição da estreita vinculação entre publicidade e imparcialidade que Bohman demonstra toda sua originalidade. Ao contrário dos teóricos tradicionais da democracia deliberativa, Bohman entende que a imparcialidade não constitui um pré-requisito para a formação de razões públicas. Imparcialidade e publicidade não são conceitos idênticos. Mais ainda, nem sempre a imparcialidade representa a característica mais saliente da deliberação pública sobre demandas conflitantes. Com isso, Bohman não pretende expulsar de vez a imparcialidade do terreno político; pelo contrário, apenas admite que ela representa apenas uma das diversas formas de razões que podem ser convincentes sob as condições da publicidade.

Por último, um dos pontos centrais no qual também podemos verificar as peculiaridades da proposta bohmaniana em relação aos demais autores reside em seu modelo dialógico de deliberação. Ao contrário do discurso, o diálogo representa uma alternativa de comunicação mais aberta, menos elitista e, portanto, mais democrática, onde mesmo as minorias podem ser possuidoras de voz efetiva, a partir de um intercâmbio de razões (*give and take of reasons*) que prescinde a figura do especialista. Diálogo é movimento e incorporação, onde cada agente tende a reinterpretar não apenas as razões alheias senão as próprias, mediante um processo dinâmico de contínuo devir. Certamente, inúmeros mecanismos dialógicos contribuem para uma deliberação efetiva. Bohman enumera apenas cinco grupamentos deles, destituído de qualquer pretensão exaustiva. O primeiro toma como modelo — ainda que divirja quanto a certos pontos — o equilíbrio reflexivo de Rawls, para o qual os falantes trabalham para tornar explícito aquilo que está latente em seus entendimentos comuns, em suas intuições, compromissos e valores compartilhados. Já o segundo tipo de mecanismos toma em consideração a diversidade de experiências biográficas e históricas coletivas, que tendem a enriquecer o processo de deliberação sob o ponto de vista multicultural. O terceiro se refere à aplicação de uma norma ou princípio a um caso particular, o intercâmbio dialógico necessário entre uma norma geral e sua especificação concreta, podendo ter a estrutura geral daquilo que Klaus Günther denominou "discursos de aplicação". Em quarto lugar, encontra-se o que Charles Taylor chamou de "apropriação", isto é, uma dialética *quasi-hegeliana* entre um ideal vago e abstrato e as diversas propostas subjacentes. Por fim, estaria a capacidade de tomar a perspectiva alheia, de pensar a partir do ponto de vista do outro. De qualquer modo, percebe-se que o modelo dialógico proposto por Bohman é um dos que atualmente permitem uma comunicação mais efetiva e não-hierarquizada entre o *ego* e o *alter*, contribuindo para reverter muitas das críticas direcionadas à democracia deliberativa sem, todavia, abrir mão do seu caráter ideal e normativo.

Bibliografia complementar: BOHMAN, James. Citizenship and norms of publicity: wide public reason in cosmopolitan societies. In: *Political Theory*. Vol. 27, n. 2, 1999. BOHMAN, James. Deliberative democracy and effective social freedom: capabilities, resources and opportunities. In: *Deliberative democracy: essays on reason and politics*. Cambridge: The Mit Press, 1999. BABER, Walter F., BARTLETT, Robert V. *The next step toward environmental justice: making Rawls and Habermas safe for democracy*, 2001. Disponível em "http://pro.harvard.edu/papers/025/ 025005BartlettRo.pdf". Acesso em 18-03-2002.

NINO, Carlos Santiago. *The Constitution of Deliberative Democracy*. New Haven: Yale University Press, 1996.

Bianca Stamato Fernandes

> *Complexidade da Democracia Constitucional e seus três elementos: constituição histórica, constituição ideal de democracia e constituição ideal de direitos. Fundamentação direitos individuais e sociais. Princípios morais da autonomia da pessoa; inviolabilidade da pessoa e dignidade da pessa. Fundamentação da democracia deliberativa. Valor epistêmico da de-*

mocracia deliberativa. Harmonização entre a tensão entre direitos e democracia. Fundamentação do Judicial Review em três exceções à supremacia do ideal democrático incremento do valor epistêmico pela defesa de a priori rights, defesa do princípio da inviolabilidade da pessoa e defesa da constituição histórica.

O presente trabalho tem como objetivo traçar uma brevíssima resenha da obra póstuma de Carlos Santiago Nino. Sua importância se deve à defesa da democracias constitucionais como a melhor forma de governo para promover tanto a autonomia privada como a pública dos cidadãos. Carlos Nino propõe a superação do conflito entre direitos e democracia através da noção de democracia deliberativa, que resulta, inclusive, num modelo de legitimação da jurisdição constitucional fundado em três exceções ao processo de deliberação democrática.

É de se notar que a análise do autor tem redobrada importância para o debate constitucional brasileiro em razão do contexto em que está inserida. Diferentemente dos seus interlocutores norte-americanos e europeus, Carlos Nino se volta para a prática constitucional argentina onde não se pode falar de democracia deliberativa sem mencionar a falta de concretização dos direitos sociais e quiçá de alguns direitos individuais. É exatamente no momento de redemocratização da Argentina que está situada a teoria da democracia deliberativa em Carlos Santiago Nino

O livro é dividido em sete capítulos mais a conclusão. Em razão da brevidade do presente trabalho optou-se por comentar os pontos mais relevantes da obra, mormente no que toca à democracia deliberativa. Nino começa por preconizar a superioridade da democracia constitucional como forma de governo, mas reconhece que o casamento entre democracia e constitucionalismo não é tranqüilo. Há uma complexidade inerente ao termo democracia constitucional, pois ela envolve três elementos, quais sejam, constituição histórica, processo democrático e proteção aos direitos individuais. Portanto indica que há uma relação dialética em dois âmbitos. No primeiro se dá o conflito entre o aspecto ideal da constituição, que reflete os ideais normativos dos direitos individuais e da democracia e o aspecto real, que reflete o aspecto histórico da prática do constitucionalismo; no segundo se dá a tensão entre os direitos e a democracia.

No capítulo cinco Nino oferece uma concepção alternativa para o ideal democrático, a democracia deliberativa, na tentativa de superar a tensão entre direitos e democracia e entre constituição ideal e constituição histórica. Propõe uma integração entre moral e política, pois localiza o valor da democracia na possibilidade de moralização das preferências das pessoas. A democracia deliberativa fundamenta-se com base em um valor epistêmico, posto que o procedimento deliberativo é o mais adequado para se obter o conhecimento de princípios morais. Em outras palavras, a deliberação pública, mais do que a razão monológica ou o raciocínio judicial, é o método por excelência de se atingir princípios morais. Nino procura construir uma concepção de democracia deliberativa que situa-se entre as teorias de John Rawls, calcada na reflexão individual, e de Jürgen Habermas, que confia exclusivamente na discussão coletiva, buscando, nas suas palavras, o melhor dos dois mundos. Apesar de defender que o método de deliberação pública é o mais viável para se atingir princípios morais corretos, sustenta que quando estão ausentes determinadas pré-condições ao processo de deliberação pública será preferível uma reflexão individual, fundada em princípios substantivos, pois o processo democrático estará desprovido de condições mínimas que garantam seu valor epistêmico.

Se a democracia é um processo de deliberação e tomada de decisão pública dentro de determinado limite temporal, então na impossibilidade (material e temporal) da unanimidade, a regra da maioria não é justificada apenas pela dimensão quantitativa (teorema de Condorcet), mas também pela dimensão qualitativa, isto é, a deliberação garante um nível maior de imparcialidade do que os outros métodos. Resumidamente, a imparcialidade é atingida porque as pessoas participam do debate democrático não só para apresentar seus interesses, como também para justificá-los na forma de proposições normativas, que devem ser gerais, universais e aceitáveis a partir de um ponto de vista imparcial.

É importante salientar que Nino afirma que de acordo com a sua justificação para a democracia deliberativa as leis resultantes do processo democrático não são razões substantivas para ação, mas sim epistêmicas, desse modo, fornecem razões para se acreditar que há razões para a decisão ou ação. E, assim, a qualidade epistêmica das leis varia de acordo com o grau da satisfação das pré-condições da decisão coletiva. Se o cumprimento de tais pré-condições for muito fraco a decisão coletiva é desprovida pelo valor epistêmico, devendo, então, ser substituída por uma reflexão individual fundada em princípios morais.

A tensão entre direitos e democracia é resolvida dentro dessa concepção de democracia deliberativa, pois a realização dos direitos, objetivo maior de qualquer democracia constitucional é atingida de modo mais satisfatório através de um processo democrático de discussão e tomada de decisão. Nas palavras de Nino não pode haver tensão entre direitos e democracia, porque o valor epistêmico da democracia é retirado da sua capacidade para determinar questões morais, tais como o conteúdo, o objeto e a hierarquia dos direitos.

Diante de tal solução para o conflito entre direitos e democracia é de se considerar que os direitos (*ideal constitution of rights*) são um resultado do processo democrático (*ideal constitution of power*), que precederia o estabelecimento de um rol de direitos fundamentais. O inverso significaria um elitismo epistêmico que vai de encontro com ideais deliberativos, relegando o papel democrático a um segundo plano. Portanto, o processo democrático precederia os direitos, isto é, nas democracias constitucionais o elemento democrático teria supremacia. Entretanto a questão não é tão simples e requer uma análise mais profunda, pois segundo Nino o processo democrático, para adquirir valor epistêmico exige a satisfação prévia de determinados requisitos, que são os chamados *a priori rights*. Nessa categoria Nino inclui direitos típicos da cartas constitucionais tais como igual e livre participação de todos os interessados no processo de discussão e deliberação e ausência de minorias insulares. Assim tais direitos aprioristicos podem ser de vertente individual ou social, já que não há diferença essencial entre ambas as categorias, cuja função é a mesma, garantir a inviolabilidade da pessoa. Dessa forma, Nino salienta que há o perigo de uma hipertrofia dos direitos *a priori*, o que esvaziaria a fórmula da deliberação democrática. Então o modo de se retornar ao equilíbrio proposto inicialmente entre direitos e democracia consiste em não exigir a perfeição do processo deliberativo democrático, caso contrário as decisões democráticas se limitariam a decidir questões menores, como as normas de trânsito, por exemplo. Ele propõe que o valor epistêmico da democracia não seja aferido na forma do tudo ou nada, mas de forma gradual. Apenas quando a falta de cumprimento dos *a priori rights* for de tal monta que o valor epistêmico do processo democrático se torna menor do que o da reflexão individual é que se deve perseguir de pronto a sua realização, ainda que de modo não democrático. Por outro lado, mesmo que a concretização dos *a priori rights* ainda não seja de todo satisfatória e o valor epistêmico ainda seja fraco, mas não totalmente inviabilizado, deve-se confiar na capacidade do processo democrático de se auto-desenvolver, sob pena de se neutralizar o elemento democrático da constituição.

Além do capítulo cinco, o três e o sete são de capital importância para a compreensão da teoria de Carlos Nino, pois neles são tratadas questões fundamentais das democracias constitucionais que estão interligadas: a fundamentação dos direitos nos princípios morais da autonomia da pessoa, da inviolabilidade da pessoa e da dignidade da pessoa; o valor epistêmico do procedimento de deliberação democrática como método de imparcial de conformação, interpretação e concretização dos direitos; e a fundamentação do *judicial review*. Através do seu conceito peculiar de democracia deliberativa Nino pretende resolver a relação conflituosa entre direitos e democracia situando-se para além de Rawls e Habermas, pois defende a supremacia do procedimento democrático, mas não em detrimento dos direitos, e sim como método mais eficiente de realização dos mesmos, ao mesmo tempo em que considera a existência de alguns direitos *a priori*, que por sua vez são também indispensáveis ao desenvolvimento do procedimento democrático. O *judicial review* embora seja concebido como indispensável à garantia da constituição tanto na dimensão histórica como ideal, é tido como excepcional, o que corrobora a tomada de posição em favor da preponderância do elemento democrático nas constituições. A forma original com que Nino desmistifica a lógica de Marshall, situando a justificação do *judicial review* para além do princípio da supremacia da constituição também merece nota. O mesmo se dá com a defesa dos direitos sociais como essencialmente semelhantes aos direitos individuais, o que irá ajudar a concretizar tais direitos de forma mais eficiente até mesmo pelo Judiciário, sem se precisar recorrer a mecanismos limitadores, tal como o princípio do mínimo existencial, o que é fundamental quando se tratam de cartas constitucionais compromissárias como a nossa, que trazem positivado um extenso rol de direitos sociais.

Por fim, algumas observações podem ser feitas. De certo modo, como parece reconhecer o próprio autor, a tensão entre direitos e democracia não teria sido solucionada, pois há uma linha muito tênue entre o que são *a priori rights* e *a posteriori rights*, o que obriga o juiz a posicionar-se mais ao lado dos republicanos adotando uma posição mais tímida, ou ao lado dos liberais esposando um ativismo judicial, razão pela qual Nino talvez não tenha realmente oferecido uma alternativa aos modelos de Rawls e Habermas. Em segundo lugar, Nino talvez esteja incorrendo em uma circularidade, em semelhança a Habermas, pois ao mesmo tempo que defende o processo democrático como indispensável para a fixação do conteúdo e concretização dos direitos também entende que alguns direitos são indispensáveis à democracia. Em terceiro lugar, a segunda exceção à impossibilidade do *judicial review*, como é fundada no princípio da inviolabilidade da pessoa apontaria para uma supremacia dos direitos sobre o procedimento democrático, pois a decisão do legislador será afastada toda vez que for considerada perfeccionista. Em quarto lugar, ao sustentar a atuação do *judicial review* para defender a continuidade da prática constitucional plasmada no documento histórico, Nino não oferece um arcabouço teórico para a fundamentação da possibilidade da ruptura constitucional, embora reconheça que ela pode ocorrer, o que poderia configurar uma lacuna na presente obra. Por fim, podemos ainda notar que o *judicial review*, segundo as três hipóteses de Nino, é justificado tanto para defender o valor epistêmico da democracia; como para garantir o respeito ao princípio da inviolabilidade da pessoa, e também para assegurar a manutenção do documento histórico da constituição, o que talvez demonstre que ao contrário do que Nino preconiza, a atuação do Poder Judiciário não é tão excepcional assim e talvez esteja fundamentada na Supremacia da Constituição, como intuiu o grande Marshall, nas suas três dimensões, histórica, ideal de direitos e ideal de democracia, caso contrário o legislador poderia neutralizar qualquer uma delas comprometendo, desse modo, a complexidade que é a característica das democracias constitucionais.

Bibliografia complementar: KOH, Harold Hongju and Ronald C. Slye (ed). *Deliberative Democracy and Human Rights*. New Haven: Yale University Press, 1999; MICHELMAN, Frank I. *Brennan and Democracy*. Princeton University Press, 1999; FREEMAN, Samuel. "Deliberative Democracy: A Sympathetic Comment" in *Philosophy & Public Affairs* Vol 29, Number 4, Fall 200, 371:418.

Bibliografia Sistematizada

Bibliografia obrigatória:

BENHABIB, Seyla. In *Democracy and Difference Contesting Boundaries of the Political* (ed. Seyla Benhabib) Princeton. Princeton University Press. 1996. 67:94.

BESSETE, Joseph M. In *The Mild Voice of Reason.Deliberative Democracy E American National*. Chicago. The University of Chicago Press. 1994. 1:39.

BESSETE. Capítulo 3, 40:66.

BOHMAN, James. In *Public Deliberation_ Pluralism, Complexity and Democracy*. Cambridge. The Mit Press. 1996.

COHEN, Joshua "Deliberation and Democratic Legitimacy" in Alan Hamlin e Philip Pettit (org.), *The Good Polity — Normative Analysis of the State*, Oxford. Blackwell, 1989, pp. 17-34

_____. In *Democracy and Difference Contesting Boundaries of the Political* (ed. Seyla Benhabib) Princeton. Princeton University Press. 1996, 95:119.
DRYZEK, John S. "Legitimacy and Economy in Deliberative Democracy". In *Political Theory*, vol.29,n.5,p.651-669,October 2001.
ELSTER, Jon. In *Deliberative Democracy* (ed. Jon Elster). New York. Cambridge University Press. 1998. 1:18.
MICHELMAN, Frank I. "How Can the People Ever Make Laws? A Critique of Deliberative Democracy" in *Deliberative Democracy Essays on Reason and Politics* (ed. James Bohman & Willian Reig) The Mit Press, 1997;
_____, in *Brennan and Democracy* Princenton. Princenton University Press, 1999.
NINO, Carlos Santiago. Capítulo 5 in *The Constitution of Deliberative Democracy*. New Haven. Yale University Press 107:143.

Bibliografia complementar:

BABER, Walter F and Robert V. Bartlett. "The Next Step Toward Environmental Justice: Making Rawls and Habermas Safe for Democracy" internet http//pro.harvard.edu/index.htm. disponível em 16/10/2001;
BOHMAN, James. "Citizenship and Norms of Publicity Wide Public Reason in Cosmopolitan Societies" in *Political Theory,*. Vol. 27, No. 2, April 1999, 176-202.

COHEN, Joshua. "Democratic Equality". *Ethics*, vol. 99 (july, 1989), pp. 727-51.

CHRISTIANO, Thomas "The Authority of Democracy" disponível em: http//pro.harvard.edu/index.h.

FEREJOHN, John and Pasquale Pasquino, "Constitutional Courts as Deliberative Institutions" disponível em http //www. la. utexas.edu

FERRARA, Alessandro "Of Boats and Principles- Reflections on Habermas's"Constitutional Democracy" in *Political Theory*, vol.29, n.6,p. 782-791, December 2001.

FISHKIN, James S. "Reflections on Deliberative Democracy" disponível em http //www. la. utexas.edu

FITZPATRICK, Peter. "Consolations o the Law: Jurisprudence and the Constitution of Deliberative Politics"

Ratio Juris. Vol.14, n.3, September 2001 (281-97).

FREEMAN, Samuel "Deliberative Democracy and the Idea of Public Reason" disponível em: http//pro. harvard.edu/index.h.

_____. "Deliberative Democracy: A Sympathetic Comment" in *Philosophy & Public Affairs* Vol 29, Number 4, Fall 200, 371:418.

GUTMANN, Amy and Dennis Thompson "Deliberative Democracy Beyond Process" disponível em http //www. la. utexas.edu.

HABERMAS, Jurgen."Constitutional Democracy_ A Paradoxal Union of Contradictory Principles?" in *Political Theory*, vol.29,n.6,p.766-781, December 2001, 782:191.

HONIG, Bonnie, "Dead Rights, Live Futures: A Reply to Haberma's "Constitutional Democracy" in *Political Theory*, vol.29,n.6,p.766-781, December 2001.

MÁRMOL, José Luis M. . "Democracia y Deliberación. Una Reconstruccion del Modelo de Jon Elster" in *Revista de Estudios Politicos.(Nueva Época)*Num. 113 Julio/septiembre 2001.

MICHELMAN, Frank I. "Morality, Identity and "Constitutional Patriotism" in *Ratio Juris* Vol. 14 No. 3 September 2001 (253-71).

SANDERS, Lynn M. "Against Deliberation"in *Political Theory*, Vol. 25 No. 3, June 1997, 347-376.

SUNSTEIN, Cass R. *"Health_ health Trade offs"* in Elster Jon (ed.) *Deliberative Democracy*. New York. Cambridge University Press. 1998.

Edições Especiais sobre Democracia Deliberativa:

Ratio Juris, Vol. 14, No. 4, December 2001.
Lua Nova Revista de Cultura e Política, (Faces da Democracia), n 50, 2000.

Impresso em offset nas oficinas da
FOLHA CARIOCA EDITORA LTDA.
Rua João Cardoso, 23 – Tel.: 2253-2073
Fax: 2233-. 306 – CEP 20220-060 – Rio de Janeiro – RJ